もくじ

帝国書院版　社会歴史

JN096375

テストの範囲や学習予定日をかこう!

学習計画	
出題範囲	学習予定日
5/14 テストの日	5/10
	5/11

	教科書ページ	この本のページ	
		ココが要点	予想問題
第1部　歴史のとらえ方と調べ方			
第2部　歴史の大きな流れと時代の移り変わり			
第1章　古代国家の成立と東アジア			
第1節　人類の登場から文明の発生へ	2〜23	2〜3	4〜5
第2節　東アジアの中の倭(日本)	26〜33	6	7
第3節　中国にならった国家づくり	36〜39	8	9
	40〜47	10	11
第4節　展開する天皇・貴族の政治	50〜55	12	13
第2章　中世　武家政権の成長と東アジア			
第1節　武士の世の始まり	60〜63	14	15
	64〜69	16	17
第2節　武家政権の内と外	70〜79	18〜19	20〜21
第3節　人々の結び付きが強まる社会	82〜91	22〜23	24〜25
第3章　近世　武家政権の展開と世界の動き			
第1節　大航海によって結び付く世界	94〜101	26	27
第2節　戦乱から全国統一へ	104〜111	28	29
第3節　武士による全国支配の完成	112〜119	30〜31	32〜33
第4節　天下泰平の世の中	124〜129	34	35
第5節　社会の変化と幕府の対策	134〜141	36	37
第4章　近代(前半)　近代国家の歩みと国際社会			
第1節　欧米諸国における「近代化」	148〜159	38〜39	40〜41
第2節　開国と幕府の終わり	160〜163	42	43
	164〜167	44	45
第3節　明治政府による「近代化」の始まり	170〜175	46	47
第4節　近代国家への歩み	178〜181	48	49
	184〜187	50	51
第5節　帝国主義と日本	190〜193	52	53
	194〜197	54	55
第6節　アジアの強国の光と影	198〜207	56	57
第5章　近代(後半)　二度の世界大戦と日本			
第1節　第一次世界大戦と民族独立の動き	210〜217	58	59
第2節　高まるデモクラシーの意識	220〜227	60	61
第3節　戦争に向かう世論	232〜239	62	63
第4節　第二次世界大戦の惨禍	244〜253	64	65
第6章　現代　現在に続く日本と世界			
第1節　敗戦から立ち直る日本	258〜263	66	67
第2節　世界の多極化と日本の成長	264〜277	68〜69	70
第3節　これからの日本と世界	278〜283	71	72
解答と解説			別冊
ふろく　テストに出る! 5分間攻略ブック			別冊

写真提供：アフロ, 岡市馬高縄文館, 国立国会図書館, 国立歴史民俗博物館, 慈照寺, 首藤光一, 神戸市立博物館所蔵／DNPartcom, 正倉院宝物, 東京国立博物館／TNM Image Archives, 東大寺／美術院, 月岡陽一, 東大阪市立郷土博物館, 姫路市, 平等院, 横浜開港資料館, 米沢市上杉博物館, 鹿苑寺, 早稲田大学図書館, ALBUM, Alinari, Bridgeman Images（五十音順・敬称略）

第1章 古代　古代国家の成立と東アジア

第1節　人類の登場から文明の発生へ

満点★ミッション

❶西暦（せいれき）
キリストが生まれたとされる年を基準とした年代の表し方。

❷近世（きんせい）
中世と近代の間の時代。

❸猿人（えんじん）
約700万年前にアフリカに現れた最古の人類。

❹原人（げんじん）
氷河時代の約240万年前に現れた人類。

❺打製石器（だせいせっき）
石を打ち砕いて作った石器。

❻新人（しんじん）
20万年前に現れた人類。芸術や信仰の精神活動が豊かになった。

❼磨製石器（ませい）
石を磨いて作った石器。

❽メソポタミア文明（ぶんめい）
現代のイラクを中心とする地域の文明。

❾エジプト文明
現代のエジプトにあった文明。

❿インダス文明
インダス川流域に栄えた文明。

テストに出る！ ココが要点
解答 p.1

1 年代の表し方と時代区分
教 p.2〜p.4

▷　年代の表し方
- （**❶**　　　　　）…キリストが生まれたとされる年が基準。それ以前は紀元前（B.C.）○○年，以後は紀元（A.D.）○○年。
- 世紀（せいき）…西暦を基準に，100年を一区切りにして表す。
- 元号（げんごう）…中国に始まり，日本でも明治・大正などのように表す。

▷　時代区分のいろいろ
- 原始・古代（こだい）・中世・（**❷**　　　　　）・近代・現代（げんだい）と区分。
- 縄文（じょうもん）時代や鎌倉（かまくら）時代，明治時代のように名付ける方法。

2 人類がたどった進化
教 p.14〜p.15

▷　2本の足で立って歩く→脳が発達し，手（前足）で道具を使う。この約700万年前の最古の人類が（**❸**　　　　　）。

▷　旧石器（きゅうせっき）時代…約260万年前に始まる氷河時代に火を使い，言葉を発達させる。この時期の人類が（**❹**　　　　　）で，石を打ち砕いた（**❺**　　　　　）を使う。

▷　20万年前に現代人につながる人類，（**❻**　　　　　）が誕生。
- 日本でも1946年に岩宿（いわじゅく）（群馬県）で打製石器が発見され，その後，沖縄県では人骨（じんこつ）の化石も見つかる。

▷　新石器（しんせっき）時代…氷河時代の後，石を磨いた（**❼**　　　　　）や土器（どき）を作るようになる。弓矢を使い，牧畜（ぼくちく）や農耕（のうこう）を行う。

3 世界各地で生まれる文明
教 p.16〜p.17

▷　新石器時代に定住生活が始まり，権力を持つ王が現れる→都市がおこり，祭りや戦いのために青銅器（せいどうき），記録用に文字（もじ）も生まれる。

▷　「オリエント」の文明
- 紀元前3500年ごろに（**❽**　　　　　）がティグリス・ユーフラテス川流域に誕生（たんじょう）。青銅器，くさび形文字・太陰暦（たいいんれき）を使用。
- 紀元年3100年ごろに（**❾**　　　　　）がナイル川流域に誕生。象形文字（しょうけい）の一つ神聖文字（しんせい）を発明。太陽暦（たいようれき）が作り出される。

▷　（**❿**　　　　　）…インダス川流域に発生。インダス文字を使用。　◇モヘンジョ＝ダロ…上下水道・公衆（こうしゅう）浴場を備える。

▷　アルファベットが発明され，紀元前1000年ごろに鉄器（てっき）が普及（ふきゅう）。

ココが要点の答えになります。

4 東アジアの文明の広がり 教 p.18〜p.19

▶ 中国文明…**黄河**流域ではあわ・きびを栽培し，長江流域では稲作が行われる。紀元前1600年ごろ，黄河流域で成立して栄えた（⑪　　　　　）（商）では占いによる政治や祭りを行う。

● 祭りには青銅器が使われ，占いの結果を（⑫　　　　　）で記録。

▶ 統一された中国…殷（商）を滅ぼした周が衰える。

● 紀元前8世紀ごろ，**春秋戦国時代**…（⑬　　　　　）が**儒教**を説く。紀元前4世紀ごろ，鉄製の農具を使用。

● 紀元前3世紀に秦の（⑭　　　　　）が中国を統一。北方の遊牧民の侵入を防ぐため（⑮　　　　　）を修築させた。

● その後，（⑯　　　　　）が成立，大帝国を築いた。
　◇西方との交通路の（⑰　　　　　）が整備される。

5 ギリシャとローマの政治と文明 教 p.20〜p.21

▶ ギリシャ…紀元前8世紀ごろから都市国家（（⑱　　　　　））が成立。**民主政**が行われる。

▶ ローマ…イタリア半島の都市国家から出発。

● 紀元前3世紀初めに，**共和政**が完成。

● 紀元前1世紀の終わりには地中海沿岸のほぼ全域を支配。
→共和政から皇帝が治める政治（**帝政**）に移行する。

6 仏教・キリスト教・イスラム教の誕生 教 p.22〜p.23

▶ 仏教…紀元前6世紀ごろ，インドの（⑲　　　　　）が仏教を開く。神宮（バラモン）を最高位とする身分制度を批判。

▶ キリスト教…紀元前後，パレスチナに現れた（⑳　　　　　）が開く。**ユダヤ教**の指導者を批判した。

▶ イスラム教…7世紀初め，（㉑　　　　　）が開く。
● 唯一神（アッラー）を信仰。教典『コーラン』。

満点★ミッション

⑪ 殷（商）
紀元前1600年ごろ，黄河流域で栄えた国。

⑫ 甲骨文字
亀の甲や牛の骨に書かれた象形文字。

⑬ 孔子
儒教を説いた思想家。

⑭ 始皇帝
紀元前3世紀，秦の初めての皇帝。

⑮ 万里の長城
始皇帝が北方の遊牧民の侵入を防ぐために修築させた。

⑯ 漢
秦に続き，領土を拡大した大帝国。

⑰ シルクロード
ヨーロッパと中国を結んだ交通路。

⑱ ポリス
ギリシャの都市国家。

⑲ シャカ
紀元前6世紀ごろ，仏教を開いた。

⑳ イエス
紀元前後，すべての人が救われることを説いた。

㉑ ムハンマド
7世紀初め，アラビア半島でアッラーを信じることを説いた。

テストに出る！
予想問題

歴史のとらえ方と調べ方
第1節 人類の登場から文明の発生へ

⏱ 30分

/100点

1 時代の表し方について，次の問いに答えなさい。　　　　4点×3〔12点〕

(1) 西暦の基準となるできごととして，正しいものを次から選びなさい。　（　　）

　ア　世界で最初の国家が成立した。　　イ　キリストが生まれた。
　ウ　ローマ帝国が成立した。　　　　　エ　中国が初めて統一された。

(2) 100年を区切りとする世紀について，次の問いに答えなさい。

　① 16世紀を西暦で表したときの期間を書きなさい。（　　　年から　　　年まで）

　② 次のできごとは，何世紀のできごとですか。　　　　（　　　　　）

　　● 794年に，平安京に都が移され，平安時代が始まった。

2 次のⅠ・Ⅱについて，{　}にあてはまる語句をそれぞれ選びなさい。　5点×4〔20点〕

> Ⅰ 約240万年前ごろから，①{ ア 猿人　イ 原人 }とよばれる人類の祖先が，
> 火や②{ ア 打製石器　イ 磨製石器 }を使うようになった。
> Ⅱ 最後の氷期が終わった約1万年前ごろから，③{ ア 土器　イ 言葉 }が使
> われるようになった。この時代を④{ ア 旧石器時代　イ 新石器時代 }という。

①（　　）②（　　）③（　　）④（　　）

3 右の地図を見て，次の問いに答えなさい。　　　　5点×5〔25点〕

(1) Aの河川名を書きなさい。

　　　　（　　　　　　　　）

(2) Aの地域の文明で使われていた文
字を，次から選びなさい。

　　　　（　　　　　　　　）

> 神聖文字　　くさび形文字
> 甲骨文字　　アルファベット

よく出る

(3) Bの地域でおこった文明を何といいますか。　　　　　（　　　　　　　　）

(4) Cに計画的に建設された都市を，次から選びなさい。　（　　　　　　　　）

　ア　ピラミッド　イ　バビロン　ウ　モヘンジョ＝ダロ

(5) 紀元前8世紀ごろ，Xの地域で多く成立した都市国家を何といいますか。

　　　　　　　　　　　　　　　　　　　　（　　　　　　　　）

　　ちょっとひといき　場所を覚えるときは，実際に地図に書き込んでみよう！

4 次の文を読んで，あとの問いに答えなさい。 (1)(2)3点×5，他5点×2〔25点〕

> 中国文明は，（ ① ）と長江の流域に生まれた。紀元前1600年ごろ，（ ① ）流域に栄えた a 殷では，王が占いによる政治や祭りを行った。
>
> 紀元前8世紀ごろ，中国はいくつもの国が争う春秋戦国時代に入った。この戦乱の時代に現れた孔子が説いた（ ② ）は，後に朝鮮や日本などにも伝わった。紀元前3世紀，（ ③ ）の b 始皇帝が中国を統一し，皇帝の命令が全国に行き渡る政治のしくみを整え，遊牧民の侵入を防ぐための（ ④ ）を修築させた。その後成立した漢は，大帝国を作り上げ，c 西方との交通路も整備された。

(1) 文中の①〜④にあてはまる語句を書きなさい。 ①（　　　　　　）
　　②（　　　　　　）　③（　　　　　　）　④（　　　　　　）

(2) 下線部 a について，殷で亀の甲や牛の骨に書かれた文字を次から選びなさい。（　　）

　ア　くさび形文字　　イ　神聖文字　　ウ　甲骨文字　　エ　インダス文字

(3) 下線部 b について，始皇帝が造らせたものを，次から選びなさい。 （　　）

ア	イ	ウ	エ

(4) 下線部 c について，さまざまな人や物が行き来したこの交通路を何といいますか。

（　　　　　　　　　）

5 次の(1)〜(3)の文にあてはまる宗教を，あとのア〜ウから，また，その宗教を開いた人物を□からそれぞれ選びなさい。 3点×6〔18点〕

(1) 悟りを開き，仏となることで苦しみから救われると説いた。

宗教（　　）人物（　　　　　　）

(2) 唯一神アッラーの教えを伝え，神の前では人々は平等であると説いた。

宗教（　　）人物（　　　　　　）

(3) 神の前での平等を説き，後にローマ帝国の国教となった。

宗教（　　）人物（　　　　　　）

ア　イスラム教　　イ　キリスト教　　ウ　仏教

> イエス　　シャカ　　ムハンマド　　孔子

第2節 東アジアの中の倭(日本)

満点★ミッション

❶縄文土器
　縄目文様の土器。

❷たて穴住居
　地面に穴を掘り，屋根を付けた住居。

❸貝塚
　集落の近くにできた貝がらや動物の骨などを捨てた場所。

❹青銅器
　銅とスズの合金で作られた道具。

❺高床倉庫
　ネズミの害を防ぎ，湿度も調節できた。

❻卑弥呼
　邪馬台国の女王。

❼前方後円墳
　四角い方墳と円い円墳を合わせた形の古墳。

❽高句麗
　朝鮮半島北部にあった強国。

❾百済
　朝鮮半島の南西部の国。倭国と同盟した。

❿大王
　ヤマト王権の王。

⓫渡来人
　倭国に中国や朝鮮半島からから移住した人々。6世紀には仏教・儒教を伝える。

テストに出る！ **ココが要点** 解答 p.2

1 縄文から弥生への変化　教 p.26〜p.27

▷ 約1万年前に海水面が上昇し，日本列島ができる。

▷ 縄文時代…狩りや漁・採集で得た食料の保存や煮炊きのために
（❶　　　　　　　　）を使用し，（❷　　　　　　　　　）に住む。

● （❸　　　　　　　　）…ごみ捨て場。　・土偶…女性の形。
　◇三内丸山遺跡(青森県)…巨大な建物。遠い地域との交易。

▷ 弥生時代…中国や朝鮮半島から稲作が伝わる。

● 縄文土器より薄くて硬い弥生土器が作られた。

● 銅鐸や銅剣・銅矛などの（❹　　　　　　　　）や，武器や工具
の鉄器も伝わる。

● 人々はムラ(集落)をつくり，稲は（❺　　　　　　　　）に保存。

2 ムラがまとまりクニへ　教 p.28〜p.29

▷ ムラとムラの争いによりクニ(国)ができる。

● 吉野ヶ里遺跡(佐賀県)…柵や濠に囲まれた集落。

▷ 倭(日本)についての中国の歴史書の記述。

● 紀元前1世紀ごろに約100の国があった(『漢書』)。

● 奴国の王…漢の皇帝から金印を与えられた(『後漢書』)。

● 邪馬台国…（❻　　　　　　　　）が統治(「魏志」倭人伝)。

▷ 地域の交流…沖縄や奄美産の貝を加工した腕輪が北海道で見つかる。→広い範囲での交易を示す。

3 鉄からみえるヤマト王権　教 p.30〜p.33

▷ 古墳時代…3世紀末ごろから大和地方を中心に豪族によって巨大な（❼　　　　　　　　）が造られる。　●埴輪を並べる。

▷ 3〜4世紀の朝鮮半島…北部に（❽　　　　　　　　），南部に（❾　　　　　　　　）や新羅。

▷ 倭国ではヤマト王権が大和地方に成立。加羅(伽耶)地域とのつながりを強め，朝鮮半島からの鉄によって豪族を支配。5世紀後半に，ワカタケルが「（❿　　　　　　　　）」を名乗る。

● 稲荷山古墳(埼玉県)，江田船山古墳(熊本県)から鉄剣・鉄刀が出土。

▷ このころ，中国や朝鮮半島から移住した（⓫　　　　　　　　）によって土器(須恵器)や鉄器の製造技術，漢字などが伝わる。

ココが要点の答えになります。

テストに出る!

予想問題　第2節 東アジアの中の倭(日本)

⏱30分　/100点

1 次の資料を見て，あとの問いに答えなさい。　(2)8点×2，他4点×7〔44点〕

① ② ③ ④

(1) ①〜④は，縄文時代(**A**)と弥生時代(**B**)のどちらの時代と関係が深いですか。それぞれ記号を書きなさい。　①(　) ②(　) ③(　) ④(　)

(2) ①・②の名前をそれぞれ書きなさい。　①(　) ②(　)

(3) 次の文は，縄文時代(**A**)と弥生時代(**B**)のどちらの時代にあてはまりますか。それぞれ記号を書きなさい。

① 主に狩り・漁・採集をして食料を得ていた。　(　)

② 石包丁で，稲の穂先を摘み取って収穫した。　(　)

③ 集団で生活をするようになり，住居のほかに高床倉庫も造られた。　(　)

2 右の資料を見て，次の問いに答えなさい。　8点×7〔56点〕

(1) **A**は，1世紀半ばに奴国の王が中国の皇帝に使いを送ったときに与えられたものです。次の問いに答えなさい。

A 金印

① このころの日本は何とよばれていましたか。(　)

② この時の中国の王朝名を書きなさい。(　)

(2) **B**は，中国の歴史書の一部です。(　)にあてはまる語句をそれぞれ書きなさい。

①(　) ②(　)

B 3世紀の日本の様子

（ ① ）は，もともと男性の王が治めていたが，国が乱れ，何年も争い合うようになると，女性の（ ② ）を王とした。…

(3) **C**は，古墳の上に並べられた焼き物です。次の問いに答えなさい。

① この焼き物を何といいますか。(　)

C

② 日本最大の古墳である，大仙(大山)古墳のような形の古墳を何といいますか。(　)

③ この時代に大和地方に成立した勢力を何といいますか。(　)

第3節 中国にならった国家づくり①

テストに出る！ **ココが要点**　　解答 p.2

❶隋
6世紀末，約300年ぶりに中国を統一した大帝国。

❷冠位十二階
家柄にとらわれず官職に任命する制度。

❸遣隋使
隋に派遣した使節。

❹法隆寺
聖徳太子が建てたとされる寺院。

❺唐
律令を整備した中国の大帝国。

❻大化の改新
中大兄皇子らが始めた天皇中心の政治を目指した改革。

❼中大兄皇子
後の天智天皇。

❽白村江の戦い
倭国が唐・新羅の連合軍に敗れた戦い。

❾壬申の乱
672年，天智天皇の跡継ぎ争いから起きた内乱。

❿遣唐使
唐に派遣された使節。唐の文化が伝わる。

⓫大宝律令
701年，刑罰（律）と政治のきまり（令）を定めた法律。

---

1 ヤマト王権と仏教伝来　　教 p.36〜p.37

▷ 6世紀末，(❶ 　　　　　　　　)が中国統一。

6世紀末〜7世紀初めの東アジア

▷ **聖徳太子（厩戸王）**…推古天皇の摂政→**蘇我馬子**と協力して大王中心の政治を目指す。

- (❷ 　　　　　　)の制度…有能な人材を役人に用いる。
- **十七条の憲法**…仏教や儒教を取り入れて役人の心得を定める。
- (❸ 　　　　　　)…中国の進んだ政治のしくみや文化を取り入れるために，**小野妹子**らを派遣する。

▷ **飛鳥文化**…大和の飛鳥（奈良県）を中心に栄えた最初の仏教文化。(❹ 　　　　　　)は現存する最古の木造建築。

2 律令国家を目指して　　教 p.38〜p.39

▷ 7世紀初め，中国では，隋に代わって(❺ 　　　　　　)が大帝国を築き，**律令**に基づく政治を進めた。

▷ (❻ 　　　　　　)…645年，聖徳太子の死後，権力を独占していた蘇我氏を，(❼ 　　　　　)（後の**天智天皇**）や**中臣鎌足**（後の**藤原鎌足**）らが倒し，政治の改革を始める。

▷ (❽ 　　　　　　)…663年，**百済**を助けるために朝鮮半島へ送られた倭国の軍が唐・新羅の連合軍に大敗した。

- 九州に**大宰府**を設け，西日本に山城を造る。全国の**戸籍**を作成。

▷ (❾ 　　　　　　)（672年）…天智天皇の跡継ぎ争い。勝利した**天武天皇**は，唐にならい天皇中心の国家を目指す。

- 持統天皇の694年，日本初の本格的な都，**藤原京**が造られる。

▷ 7〜9世紀には，(❿ 　　　　　　)を派遣する。

▷ **律令国家**の成立…701年，律（刑罰のきまり）と令（政治のきまり）を定めた(⓫ 　　　　　　)が作られる。

- **太政官**と**神祇官**をはじめとする中央集権のしくみが整う。
- 中央政府として**朝廷**が整備される。
- 地方には**国・郡・里**が置かれる。中央から**国司**が派遣され，**郡司**に任命された地方の豪族や**里長**を監督した。

テストに出る！

予想問題

第3節 中国にならった国家づくり①

⏱30分

/100点

1 右の資料を見て，次の問いに答えなさい。

(1)8点×3，他9点×3〔51点〕

(1) 資料1は，聖徳太子が定めた十七条の憲法です。

① 次の文の（　）にあてはまる語句を書きなさい。

a （　　　　　　　）　b （　　　　　　　）

● このきまりは，（ a ）や儒教の考えを取り入れ，（ b ）の心得として示された。

② 資料1が出される以前，聖徳太子が優秀な人材を採用するために定めた制度は何ですか。

（　　　　　　　　）

(2) 資料2は，ある使節を派遣して，聖徳太子が中国の皇帝に送った手紙です。次の問いに答えなさい。

よく出る

① この使節を何といいますか。

（　　　　　　　　）

② このとき派遣された人物を書きなさい。

（　　　　　　　　）

(3) 資料3は，聖徳太子が建てたとされる寺院です。何といいますか。（　　　　　　　　）

資料1

一に曰く，和をもって貴しとなし，さからうことなきを，宗となせ。
二に曰く，あつく三宝を敬え。三宝とは，仏・法・僧なり。

資料2

日出づる処の天子，書を日没するところの天子に致す。つつがなきや……

資料3

2 右の年表を見て，次の問いに答えなさい。

7点×7〔49点〕

(1) 年表中のA・Bの（　）にあてはまる語句を書きなさい。　A （　　　　　　）

B （　　　　　　）

(2) Aのできごとで始められた政治改革を何といいますか。（　　　　　　）

(3) 次の①・②の天皇を，□□からそれぞれ選びなさい。

① Bの後，初の全国の戸籍を作った。（　　　　　　）

② Cで勝利して即位した。（　　　　　　）

(4) Dの法律名を書きなさい。（　　　　　　）

(5) Dの法律で地方に設けられた国に，中央から派遣された役人を何といいますか。

（　　　　　　　　）

年代	できごと
645	A中大兄皇子らが（　）氏を倒す
663	B倭国の軍が（　）の戦いで敗れる
672	C壬申の乱が起こる
701	D法律の制定によって中央集権のしくみが整う

推古天皇
天武天皇
天智天皇

第3節 中国にならった国家づくり②

満点★ミッション

❶平城京
710年に移った碁盤目状の本格的な都。

❷口分田
戸籍に基づいて与えられた土地。

❸調
特産物を納めた税。

❹墾田永年私財法
口分田不足の解決のために開墾を奨励し、私有地を認めた。

❺荘園
貴族や寺院の私有地。

❻天平文化
聖武天皇の時代の国際色豊かな仏教文化。

❼聖武天皇
東大寺や国分寺を建てた天皇。

❽行基
民衆に布教した僧。東大寺建立に協力。

❾日本書紀
『古事記』とともに、奈良時代に作られた歴史書。

❿風土記
国ごとに産物や地名の由来など。地理的な情報を記した。

⓫万葉集
日本初の和歌集。万葉がなが使われている。

テストに出る！ ココが要点　　解答 p.2

1 律令国家での暮らし　　教 p.40～p.41

▷　710年，唐の長安を手本に（❶　　　　　　）を造る。都の中心地には高い地位を持つ豪族（貴族）が住んでいた。

▷　班田収授法…戸籍に基づいて（❷　　　　　　）を6歳以上の男女に与えた。　●人々は良民と賤民に分けられた。

租	稲の収穫の3％	出挙	稲を借り利息付きで返す
（❸　　　）	特産物を納める	雑徭	1年60日以内の労役
庸	労役の代わりに麻の布を納める	兵役	衛士（都の警備）：1年 防人（北九州の警備）：3年

▷　743年，口分田の不足から（❹　　　　　　）が定められ，開墾した土地の私有を認める。

●この私有地を（❺　　　　　　）という。

2 大陸の影響を受けた天平文化　　教 p.42～p.47

▷　8世紀，ユーラシア大陸の東西で国際交流が盛んに。

●イスラム教の商人がシルクロードを通って貿易を行う。

▷　（❻　　　　　　）…天皇や貴族による華やかで国際色豊かな文化。正倉院の宝物など。

▼東大寺の正倉院

▷　全国的な伝染病の流行や飢きんにより，世の中の不安が高まる。（❼　　　　　　）が，仏教で国を守ろうと，都に**東大寺**と**大仏**，国ごとに**国分寺**と**国分尼寺**を建てる。東大寺を建てるために（❽　　　　　　）など僧が協力。

●中国から**鑑真**が招かれ，**唐招提寺**を造る。

▷　文学の普及と歴史書

●『古事記』，『（❾　　　　　　）』…天皇家の由来を説明し，天皇が日本を治める正統性も明らかにするための歴史書。

●『（❿　　　　　　）』…国ごとの産物や地名の由来など。

●『（⓫　　　　　　）』…天皇から農民までの約4500首の和歌を収録した。

テストに出る！

予想問題　第3節　中国にならった国家づくり②

⏱30分

/100点

1 奈良時代の税について，次の問いに答えなさい。　　　　9点×6〔54点〕

(1) 戸籍に基づいて人々に口分田を与え，税を納めさせることを定めた制度を何といいますか。　　　　　　　　　　　　　　　　　　　　（　　　　　　　　）

(2) 次の①・②にあてはまる税を，それぞれ書きなさい。

　① 稲の収穫の3％を納める税　　　　　　　　（　　　　　　　　）

　② 地方の特産物を都に納める税　　　　　　　（　　　　　　　　）

(3) 兵役のうち，九州北部の警備に派遣された兵士を何といいますか。

　　　　　　　　　　　　　　　　　　　　　　（　　　　　　　　）

よく出る (4) 743年，口分田の不足から，開墾を進めるために新たな法律が定められました。これについて，次の問いに答えなさい。

　① この法律を何といいますか。　　　　　（　　　　　　　　）

　② この法律が出されたあとの社会の様子を，次から選びなさい。　（　　　）

　　ア 朝廷の支配が強まった。

　　イ 土地の開墾のために兵役が軽くなった。

　　ウ 貴族や寺社の私有地が広がった。

2 奈良時代の文化について，次の問いに答えなさい。　（4）②10点，他9点×4〔46点〕

(1) 大仏が造られたころの社会の様子を，次から選びなさい。　（　　　）

　ア 豊作が続き，朝廷による政治が安定していた。

　イ 中国との争いが続き，国力が衰えていた。

　ウ 伝染病や飢きんによって，人々の不安が高まっていた。

　エ 都で仏教が栄える一方，地方では仏教を否定する動きが広まっていた。

(2) 唐から来日した鑑真が建てた寺院を何といいますか。　（　　　　　　　　）

(3) 奈良時代の文化は，そのころの元号から何といいますか。　（　　　　　　　　）

(4) 右の資料は，聖武天皇の遺品として伝わる琵琶です。これについて，次の問いに答えなさい。

　① この琵琶が納められた建物を書きなさい。

　　　　　　　　　　　　　（　　　　　　　　）

記述 ② この琵琶のように唐やインドなどの文化が日本に伝わった理由を，「シルクロード」，「遣唐使」の語句を使って書きなさい。

（　　　　　　　　　　　　　　　　　　　　）

第4節 展開する天皇・貴族の政治

満点★ミッション

1 権力を握った貴族たち　教 p.50～p.51

▷ 794年，（❶　　　　　　　）が都を**平安京**に移す。

▷ 東北地方…（❷　　　　　　　）の**坂上田村麻呂**が**蝦夷**と戦う。

▷ 貴族による政治…**藤原氏**がほかの貴族を退け，官職を独占し，広大な荘園を持つ。

●娘を天皇の后とし，生まれた子を天皇にたてて実権を握る。

●（❸　　　　　　　）…天皇が幼いころは**摂政**，成長してからは**関白**になって政治を行う。（❹　　　　　　　）・**藤原頼通**のころに最も栄える。

▷ 地方の政治…**国司**の不正などによって乱れる。

▷ 中国では唐が滅亡し，10世紀後半に**宋**が中国を統一。

●唐が衰えたことから**菅原道真**の提案で**遣唐使**を停止。朝鮮半島では（❺　　　　　　　）がおこり，**新羅**を滅ぼす。

2 唐風から日本風へ変わる文化　教 p.52～p.55

▷ （❻　　　　　　　）…摂関政治のころの唐風の文化を基礎にした日本独自の文化。

●日本の風物を描いた**大和絵**。

●貴族の住居の（❼　　　　　　　）。

●感情を表現しやすい，**かな文字**を使った文学が盛んになる。

紫式部	『（❽　　　　　　　）』…世界初の長編小説
清少納言	『**枕草子**』…随筆
紀貫之	『**古今和歌集**』…和歌集を編集

▷ 平安時代初め，唐から帰国した（❾　　　　　　　）が**天台宗**を，（❿　　　　　　　）が密教の**真言宗**を開く。

▷ 11世紀後半，阿弥陀仏にすがり死後に極楽浄土へ生まれ変わることを願う，（⓫　　　　　　　）が流行。

●藤原頼通が，京都の宇治に平等院鳳凰堂を建て，極楽浄土を再現。

▼平等院鳳凰堂

左欄（ミッション用語）

❶**桓武天皇**
8世紀末，政治の改革を進めた天皇。

❷**征夷大将軍**
蝦夷の鎮圧を主な目的にしていた役職。

❸**摂関政治**
藤原氏が摂政や関白を独占し，天皇に代わって政治を行った。

❹**藤原道長**
11世紀前半，摂関政治の絶頂を作った。

❺**高麗**
（コリョ）
新羅を滅ぼして朝鮮半島を統一した国。

❻**国風文化**
かな文字や寝殿造などの日本風の文化。

❼**寝殿造**
寝殿を中心に池などがある貴族の住居。

❽**源氏物語**
貴族の世界を描いた世界初の長編小説。

❾**最澄**
比叡山延暦寺を開いた僧。

❿**空海**
高野山金剛峯寺を開いた僧。

⓫**浄土信仰**
阿弥陀仏にすがると，極楽浄土に生まれ変われるという信仰。

テストに出る!
予想問題

第4節 展開する天皇・貴族の政治

⏱30分

/100点

1 右の年表を見て，次の問いに答えなさい。　　　9点×8〔72点〕

(1)　aを行った天皇は誰ですか。
（　　　　　　　）

(2)　bについて，蝦夷を討つために，坂上田村麻呂が任じられた官職を何といいますか。
（　　　　　　　）

年代	できごと	中国
794	a都が平安京へ移される	唐
	b坂上田村麻呂が蝦夷の拠点を攻める	
9世紀	c藤原氏が勢力を伸ばす	
11世紀	d藤原氏による□□□が栄える	X

よく出る
(3)　cについて，藤原氏は朝廷で高い位を得るとともに，私有地を広げていきました。この私有地を何といいますか。
（　　　　　　　）

(4)　dの□□□には，藤原氏の政治を表す語句が入ります。次の問いに答えなさい。

①　dの□□□に，あてはまる語句を書きなさい。　　（　　　　　　　）

②　dのころの様子を，次から選びなさい。　　　　　（　　　　　）

ア　地方豪族が国司に任命され，藤原氏が国司の不正を厳しく監視した。

イ　朝廷は開墾を奨励し，増えた口分田で班田収授が確実に行われるようになった。

ウ　国司は，任命された国で独自の法律を作って，農民を支配した。

エ　政治は，法律や習わしが整えられたため，形式が重んじられるようになった。

③　右の資料は，このころに権力を振るっていた人物がよんだ歌です。この人物は誰ですか。
（　　　　　　　）

> この世をばわが世とぞ思ふ
> 望月の欠けたることもなしと思へば

(5)　中国に成立したXの王朝名を書きなさい。また，同じころに朝鮮半島に成立した国を書きなさい。　　　　　X（　　　　　　　）　朝鮮（　　　　　　　）

2 平安時代の文化について，次の問いに答えなさい。　　7点×4〔28点〕

(1)　平安時代に生まれた，日本独自の文化について，次の問いに答えなさい。

①　この文化を何といいますか。　　　　　　　　　（　　　　　　　）

②　9世紀末に，遣唐使が停止されました。これを提案した人物は誰ですか。　（　　　　　　　）

(2)　右の資料は，『源氏物語絵巻』です。次の問いに答えなさい。

①　『源氏物語』の作者は誰ですか。　（　　　　　　　）

②　このころの貴族の屋敷のつくりを何といいますか。
（　　　　　　　）

第1節 武士の世の始まり①

満点★ミッション

解答 p.4

テストに出る！ **ココが要点**

❶武士団
武士のまとまりで，天皇の子孫である源氏や平氏が有力。

❷平将門
10世紀半ば，関東地方で朝廷に対して反乱を起こした武士。

❸奥州藤原氏
現在の岩手県平泉町で勢力を振るった一族。

❹院政
天皇を退位した上皇が行った先例にとらわれない政治。

❺保元の乱
1156年の朝廷内や貴族らの勢力争いで起こった内乱。

❻平治の乱
保元の乱後の1159年に後白河上皇の政権内の勢力争いで起こった内乱。

❼源 頼朝
平氏を倒して鎌倉幕府を開いた武士。

❽平清盛
太政大臣となり，権力を握った武士。

❾日宋貿易
平清盛が進めた中国との貿易。

---

1 各地で生まれる武士団
教 p.60〜p.61

▶ 10世紀以降，貴族や寺社，地方の豪族の荘園が広がる。
- 年貢など土地に対する税が生まれる。
- 土地をめぐる争いが増加し，自力で紛争を解決して土地を守ろうとする社会に変化。

▶ 武芸を身につけ，戦いを職業とする武士が，一族や従者たちを率いて（❶　　　　　　　）を形成。
- 天皇の子孫でもある源氏と平氏は，その統率者（棟梁）となる。

▶ 各地の争乱…関東地方で（❷　　　　　　　），瀬戸内海で藤原純友が反乱。

▶ （❸　　　　　　　）…平泉を中心に，東北地方で勢力を振るう。
◇中尊寺金色堂などを造る。

2 朝廷と結び付く武士
教 p.62〜p.63

▶ 摂関政治の終わり…藤原氏と血縁関係の薄い後三条天皇が即位→天皇中心の政治が復活。
- 子の白河天皇は，上皇（退位した天皇）として実権を握り，（❹　　　　　　　）を始める。

▶ （❺　　　　　　　）…後白河天皇が源 義朝や平清盛などの武士の協力を得て，兄の上皇に勝利。

- （❻　　　　　　　）…源義朝が兵を挙げるが平清盛に敗れる。義朝の子の（❼　　　　　　　）は伊豆に流される。

▶ 平氏の政治…（❽　　　　　　　）が武士として初めて太政大臣となり，政治の実権を握ることに成功。
- 西国を中心に荘園や公領を支配…厳島神社の整備。
- 大輪田泊（兵庫県神戸市）を修築し，（❾　　　　　　　）に力を入れる。

▶ 平氏の滅亡…清盛が後白河上皇の院政を停止すると，伊豆に流されていた源頼朝や木曽の源義仲らが挙兵。

▼源平の争乱

← 源 頼朝の進路
← 源 義仲の進路
← 源 義経の進路
← その他の源氏軍の進路

平泉
京都
壇ノ浦
鎌倉
厳島神社
大輪田泊

頼朝の弟の **源 義経** らが平氏を滅ぼす。

テストに出る！
予想問題

第1節 武士の世の始まり①

⏱30分

/100点

1 次の文を読んで，あとの問いに答えなさい。　　　　　　　　10点×4〔40点〕

> 10世紀になると，土地をめぐって争いが起こり，戦いを職業とする<u>武士</u>が育ってきた。武士は，<u>武士団</u>というまとまりを作り，そのなかでも，□の子孫である源氏と平氏が有力な存在となり，武士の棟梁となった。

(1) 下線部の武士や武士団について，誤っているものを次から選びなさい。　　（　　）

　ア　武士のなかには，天皇家や貴族に仕える侍となって都の警備につく者もいた。

　イ　武士は，日頃から馬に乗りながら弓矢を射るなどの訓練を行っていた。

　ウ　武士のなかには，国司に代わって地方の役人になった者もいた。

　エ　武士団は，子や兄弟などの親戚だけのまとまりであった。

(2) □にあてはまる語句を，次から選びなさい。　　　　　　　　　（　　）

　ア　天皇　　イ　藤原氏　　ウ　僧侶　　エ　農民

(3) 10世紀に関東地方で反乱を起こした武士は誰ですか。

　　　　　　　　　　　　　　　　（　　　　　　　　　）

(4) 右の資料のある寺を建てた，東北地方の豪族を何といいますか。　　　　　　　　　　（　　　　　　　　　）

2 右の年表を見て，あとの問いに答えなさい。　　　　　　　　10点×6〔60点〕

よく出る

(1) Aが始めた先例にとらわれない政治を何といいますか。　（　　　　　　　）

(2) Bの（　）にあてはまる平清盛と源義朝の争いを何といいますか。（　　　　　　　）

(3) Cについて，次の問いに答えなさい。

年代	できごと
1086	白河上皇による政治が始まる………A
1156	保元の乱が起こる
1159	（　）が起こる………………………B
1167	平清盛が太政大臣になる…………C
1185	壇ノ浦の戦いで平氏が滅びる………D

　① 平清盛の政治について，誤っているものを次から選びなさい。　（　　）

　　ア　平氏一族に官職を与え，東日本の国々を支配下においた。

　　イ　娘を天皇と結婚させ，生まれた子を天皇にした。

　　ウ　大輪田泊を修築し，瀬戸内海の航路を整えた。

　② 平清盛が，日宋貿易で宋から輸入したものを，次から2つ選びなさい。　　　　　　　　　　（　　　）（　　　）

　　ア　陶磁器　　イ　金　　ウ　刀　　エ　絹織物　　オ　銀

(4) Dの戦いが行われた場所を地図から選びなさい。　（　　　　）

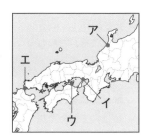

第1節　武士の世の始まり②

テストに出る！　**ココが要点**　解答 p.4

満点★ミッション

❶守護
鎌倉幕府が国ごとに置いた役職。

❷地頭
鎌倉幕府が荘園や公領ごとに置いた役職。

❸執権
鎌倉幕府が置いた将軍の補佐役。

❹承久の乱
後鳥羽上皇が幕府を倒そうとした乱。

❺御成敗式目〔貞永式目〕
武士の慣習をまとめた独自の法律。

❻金剛力士像
東大寺南大門の阿形と吽形の２つの仏像。

❼平家物語
勢力を得て、やがて滅びた平氏の物語。

❽新古今和歌集
後鳥羽上皇が編集させた和歌集。西行などの歌を収める。

❾浄土宗
一心に念仏を唱えることを説いた教え。

❿浄土真宗〔一向宗〕
悪人こそが救われると説いた教え。

⓫一遍
踊り念仏を行って念仏信仰を勧めた僧。

1　鎌倉を中心とした武家政権　教 p.64〜p.65

▷　源頼朝…平氏滅亡後，国ごとに（❶　　　　　　　　　），荘園や公領に（❷　　　　　　　　　）を設置。
● 奥州藤原氏を滅ぼし，1192年に征夷大将軍となる。

▷　鎌倉幕府…将軍と御家人の御恩と奉公による主従関係。
● 地頭になった武士…堀や土塁で囲まれた屋敷に住み，年貢の取り立てを請け負う。農民は荘園領主と地頭に負担があった。

▷　頼朝の死後，妻北条政子と，その父北条時政が実権を握る。後に時政は（❸　　　　　　　　　）となる。→執権政治
● 源氏の将軍が３代で途絶えると，1221年に後鳥羽上皇が（❹　　　　　　　　　）を起こすが，幕府軍に敗北。
● 幕府の西国への支配が拡大。六波羅探題を設置して朝廷を監視し，西国の武士を統制。

▷　（❺　　　　　　　　　）…1232年に執権北条泰時が制定。公正な裁判を目的とした武士独自の法律で武家政治の基準となる。

▼鎌倉幕府

【地方】			【中央】		
地頭	**守護**	**六波羅探題**	**問注所**	**政所**	**侍所**
荘園・公領の管理　年貢の取り立て	国内の軍事・警察	京都の警備　朝廷の監視　西国の武士の統制	裁判	財務・一般の政務	軍事・警察　御家人の統制

将軍 — 執権（将軍の補佐）

2　武士や僧侶たちが広めた鎌倉文化　教 p.66〜p.69

▷　鎌倉文化…武士の気風にあった，力強く，分かりやすい文化。
● 彫刻…東大寺南大門の（❻　　　　　　　　　）（運慶・快慶ら）。
● 軍記物…『（❼　　　　　　　　　）』は琵琶法師が語った。
● 和歌集…『（❽　　　　　　　　　）』は藤原定家が編集。
● 随筆…鴨長明『方丈記』，兼好法師（吉田兼好）『徒然草』。

▷　新しい仏教…分かりやすく信仰しやすい教え。
● 法然が念仏（南無阿弥陀仏）を唱えることを説き，（❾　　　　　　　　　）を，親鸞は（❿　　　　　　　　　）（一向宗）を，（⓫　　　　　　　　　）は時宗を開く。
● 栄西（臨済宗）や道元（曹洞宗）が説いた禅宗は幕府が保護。
● 日蓮は題目（南無妙法蓮華経）を唱えることを説き，日蓮宗を開く。
◇ 神仏習合の考えも広まり，新しい神道も生まれた。

テストに出る！ 予想問題

第1節 武士の世の始まり②

⏱ 30分 　/100点

1 次の問いに答えなさい。　(1)7点×6, (2)8点〔50点〕

(1) **資料1・2**について，次の問いに答えなさい。

① **資料1**のA・Bに入る語句を，それぞれ漢字2字で書きなさい。
A（　　　　　）
B（　　　　　）

② 国ごとに置かれ，軍事・警察の仕事をする役職を，**資料2**中から選びなさい。（　　　　　）

③ Xは将軍を補佐するために設けられた役職です。この役職名を書きなさい。（　　　　　）

④ 京都の監視を目的として置かれた機関をa〜cから選びなさい。また，この機関が置かれるきっかけとなった戦いを何といいますか。
機関（　　　）　戦い（　　　　　）

よく出る (2) 1232年に北条泰時が，裁判を正しく行うために定めた武士独自の法を何といいますか。（　　　　　）

資料1

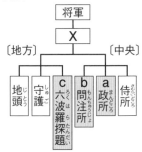

将軍
Ⓐ
・領地を認める
・新たな領地や守護・地頭の職を与える
・合戦に備える
・京都や鎌倉の警備をする
Ⓑ
御家人

資料2

```
        将軍
         │
         X
    ┌────┴────┐
  〔地方〕      〔中央〕
地頭 守護 c六波羅探題 │ b問注所 a政所 侍所
```

2 鎌倉時代の文化について，次の問いに答えなさい。　(1)8点×4, 他6点×3〔50点〕

(1) 次の①・②の文中の（　　）にあてはまる語句を書きなさい。また，その仏教に関係の深い人物を，あとから選びなさい。

① 足を踏み鳴らして念仏を唱える時宗の（　　）が民衆に広まった。

② 宋から伝えられた，座禅によって悟りを得る（　　）は，幕府に保護されて武士たちの間に広まった。
①（　　　　　）人物（　　）
②（　　　　　）人物（　　）

ア 栄西　イ 一遍　ウ 日蓮　エ 親鸞

(2) 右の資料は，平氏の興亡を描いた軍記物の一部です。これについて，次の問いに答えなさい。

祇園精舎の鐘の声，諸行無常の響あり。

① この作品名を何といいますか。（　　　　　）

② この作品が民衆に広まった理由について，次の文の（　　）にあてはまる語句を書きなさい。（　　　　　）

●文字が読めない人にも（　　）によって語られたから。

(3) 兼好法師が書いた随筆を何といいますか。（　　　　　）

第2章 中世 武家政権の成長と東アジア

第2節 武家政権の内と外

満点★ミッション

解答 p.5

テストに出る！ **ココ**が**要点**

1 海を超えて迫る元軍　教 p.70〜p.71

▷ <u>モンゴル帝国</u>…13世紀初めに<u>チンギス=ハン</u>が築く。

- 孫の（**❶**　　　　）は都を大都(北京)に移し，国号を元に変えた。
- 元は宋を降伏させ，周辺に軍を進めるが，高麗や大越(ベトナム)は抵抗。

▼ モンゴル帝国の領域

モンゴル高原／中央アジア／カラコルム(モンゴル帝国の首都)／サマルカンド／バグダッド／デリー／大越(ベトナム)／高麗／大都／鎌倉／京都／博多／琉球／台湾／広州

― モンゴル帝国の最大領域
→ モンゴル軍の遠征路

▷ <u>蒙古襲来(元寇)</u>…8代執権（**❷**　　　　）が元への朝貢と服属の要求を拒否→2度，元が来襲した。

- **文永の役(1274年)**…元軍の**集団戦法**や**武器**に幕府軍が苦戦。
- **弘安の役(1281年)**…元軍は**防塁**にはばまれて上陸できず，暴風雨による打撃もあり，引き揚げた。

▷ 御家人の不満…元からの防衛戦で御家人の恩賞が不十分。

- 生活が苦しい御家人を助けるために（**❸**　　　　）が出される→効果が一時的で，幕府への不満が高まる。

2 南北朝の内乱と新たな幕府　教 p.74〜p.75

▷ 鎌倉幕府の崩壊…（**❹**　　　　）が**楠木正成**らの**悪党**(幕府に従わない武士)や御家人の（**❺**　　　　）・**新田義貞**らを味方に挙兵→1333年に鎌倉幕府が滅びる。

▷ 後醍醐天皇が天皇を中心とする（**❻**　　　　）を始めるが批判が高まる→**足利尊氏**が挙兵し，2年半で倒れる。

▷ （**❼**　　　　）…京都で足利尊氏が立てた天皇(**北朝**)と吉野の後醍醐天皇(**南朝**)が争った時代。

- 内乱のなかで守護は（**❽**　　　　）へと成長。

▷ <u>室町幕府</u>…1392年，3代将軍（**❾**　　　　）が南北朝を統一。京都室町の御所で政治を行う。

- 補佐役として（**❿**　　　　）を置く。

▼ 室町幕府

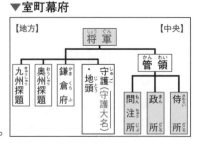

【地方】九州探題／奥州探題／鎌倉府／守護・地頭（守護大名）
【中央】将軍／管領／問注所／政所／侍所

---

❶**フビライ=ハン**
13世紀後半の元の皇帝。

❷**北条時宗**
蒙古襲来時の鎌倉幕府の執権。

❸**徳政令**
御家人の借金を帳消しにできる法令。

❹**後醍醐天皇**
14世紀前半，鎌倉幕府を倒そうとした天皇。

❺**足利尊氏**
新田義貞らと鎌倉幕府を倒した武士。

❻**建武の新政**
鎌倉幕府滅亡後，後醍醐天皇が行った政治。

❼**南北朝時代**
14世紀の朝廷が京都の北朝と吉野の南朝に分かれていた時代。

❽**守護大名**
室町時代，一国を支配した守護。

❾**足利義満**
室町幕府の3代将軍。京都に御所をつくり，南北朝を統一した。

❿**管領**
室町幕府の将軍補佐役。

ココが**要点**の答えになります。

3 東アジアの交易と倭寇

教 p.76〜p.77

▷ 14世紀半ばから，(⑪　　　　　　　　　)が東シナ海で密貿易や海賊行為を行う。松浦地方や九州北部の島々が根拠地。

● 日本人が中心で，中国人・朝鮮人も加わった。

▷ 中国…14世紀半ば，漢民族による(⑫　　　　　　　　)が成立。

● 周辺諸国と**朝貢**の関係を結ぶ。

● 民間人の海外渡航や交易を禁止。

▷ 足利義満が，倭寇の取り締まりに応じて，朝貢形式での日明貿易を開始。

● 通交証明書として合い札を使ったため(⑬　　　　　　　)とよばれる。

◇ 輸出品…銅や硫黄・刀剣・扇など。

◇ 輸入品…生糸や絹織物・陶磁器・書画，大量の銅銭。

▷ 朝鮮半島…**李成桂**が国名を(⑭　　　　　　　)に改める。

● **ハングル**という文字が作られる。金属活字などの文化が発展。

● 日本との貿易に**対馬**の宗氏が活躍し，木綿や仏教の経典，陶磁器などを日本に輸入。

4 琉球とアイヌの人々がつなぐ交易

教 p.78〜p.79

▷ 琉球…15世紀，尚氏が北山・中山・南山を統一。

● 首里を都に(⑮　　　　　　)が成立。

● 明・日本・朝鮮・東南アジアの国々と交易し，(⑯　　　　　　)で栄える。

→16世紀後半，明やポルトガル商人の進出により貿易は衰退。

▷ 蝦夷地(北海道)…13世紀までに，(⑰　　　　　　)文化が成立。アムール川流域と交易。

● 14世紀，**アイヌ**の人々が津軽半島の**十三湊**で安藤(安東)氏と交易。和人(本州の人々)が蝦夷地(北海道)に進出。

● 15世紀半ば，アイヌの人々は(⑱　　　　　　)を指導者にして，和人と衝突。

● 和人の居住地が限定される。

▼日本の北と南の交易

生糸
絹織物
陶磁器
銅銭

朝鮮人参
ラッコの毛皮
朝鮮
鮭
十三湊
日本
日本刀・屏風
銅・砂金
博多
堺
明
北京
福州
広州
琉球王国
馬・硫黄
シャム
大越
アユタヤ
マッコウクジラからとれる香料
香辛料・象牙

→ 琉球の中継貿易の交易路
→ アイヌの人々の交易路
生糸 おもな交易品

0　1000km

⑪ 倭寇
東シナ海での密貿易や海賊行為を行った日本人や朝鮮・中国人。

⑫ 明
漢民族が，元を北方に追って建国した中国の王朝。

⑬ 勘合貿易
勘合を使って行った日明貿易。

⑭ 朝鮮
14世紀，李成桂が高麗を倒して建国。ハングルができる。

⑮ 琉球王国
中山の王の尚氏が沖縄本島を統一して建国した国。

⑯ 中継貿易
琉球王国の繁栄を支えた貿易。手に入れた明や東アジアの産物を諸国に転売した。

⑰ アイヌ文化
蝦夷地に住むアイヌの人々の文化。

⑱ コシャマイン
15世紀半ば，和人と衝突を起こしたアイヌの指導者。

第2節　武家政権の内と外

⏱30分

/100点

---

1 右の資料は，中国を支配した元の軍が日本に攻めてきたときの様子です。これを見て，次の問いに答えなさい。

5点×4〔20点〕

よく出る
(1)　2度にわたるこのできごとを何といいますか。
（　　　　　　　）

(2)　このときの元の指導者(皇帝)は誰ですか。
（　　　　　　　）

(3)　この戦いが起こったときの鎌倉幕府の権力者を次から選びなさい。　（　　　）

ア　北条時政　　イ　北条政子　　ウ　北条泰時　　エ　北条時宗

(4)　1度目の戦いの説明として，正しいものを次から選びなさい。　（　　　）

ア　幕府軍は，朝鮮の高麗と連合して戦った。

イ　戦いの最中に起こった暴風雨のため，両軍が大きな被害を受けた。

ウ　幕府軍は，敵の集団戦法や火薬を用いた武器の使用などの戦い方に苦しんだ。

エ　この戦いの後，鎌倉には防塁とよばれる城が造られた。

---

2 次の文を読んで，あとの問いに答えなさい。

5点×6〔30点〕

> 14世紀になると，鎌倉幕府の政治が行き詰まり，a幕府に従わない武士が登場した。こうした勢力を味方に付けた（　　）は，1333年，鎌倉幕府を倒すと，翌年にb（　　　）を中心とする政治を始めた。この政治が2年半で崩れ，c（　　　）が吉野に逃れると，d京都には新しく天皇が立てられ，e幕府が開かれた。

(1)　（　）に共通してあてはまる天皇を書きなさい。　（　　　　　　　）

(2)　下線部aの幕府に従わない武士たちを何といいますか。　（　　　　　　　）

よく出る
(3)　下線部bの政治を何といいますか。　（　　　　　　　）

(4)　下線部cについて，吉野に立てられた朝廷は，北朝と南朝のどちらでしたか。　（　　　　　　　）

(5)　下線部dを行い，将軍となって幕府を開いたのは誰ですか。　（　　　　　　　）

(6)　下線部eについて，将軍を補佐した資料のXの役職を何といいますか。　（　　　　　　　）

〔地方〕

将軍 ─ 〔中央〕

九州探題 ／ 奥州探題 ／ 鎌倉府 ／ 守護（守護大名）・地頭

X ─ 問注所 ／ 政所 ／ 侍所

③ 資料1について，次の問いに答えなさい。 （3）④6点，他4点×6〔30点〕

(1) Aは14〜15世紀に，Bは16世紀に朝鮮や中国を 襲った人々の動きです。この人々を何といいますか。
（　　　　　　　）

資料1

(2) Aの侵入が続いていた朝鮮半島では，14世紀末に 新しい国が成立しました。この国について，誤って いるものを次から選びなさい。 （　　）

ア ハングルという文字が作られた。

イ 李成桂が新羅を倒して建国した。

ウ 日本はこの国から木綿や仏教の経典などを輸入した。

エ 対馬の宗氏が，日本とこの国との貿易に大きな役割を果たした。

(3) Cは日明貿易の交通路です。これについて，次の問いに答えなさい。

よく出る

① 資料2のような合い札を用いて行われたことから，この貿 易は何とよばれますか。 （　　　　　　　）

資料2

② この貿易を始めた人物は誰ですか。 （　　　　　　　）

③ 日本の輸入品を，次から2つ選びなさい。
（　　）（　　）

ア 絹織物　　イ 銅　　ウ 銅銭

エ 硫黄　　オ 刀剣

記述 ④ この合い札を使った理由を簡単に書きなさい。

（　　　　　　　　　　　　　　　　　　　　　　　　　　　）

④ 次の文を読んで，あとの問いに答えなさい。 4点×5〔20点〕

> 琉球（沖縄県）は，15世紀，中山の王尚氏によって統一され，（ A ）を都として琉球王 国が成立した。中国や日本・朝鮮・東南アジアの国々のあいだの<u>中継貿易</u>で栄えた。
> 蝦夷地（北海道）では，14世紀ごろ，津軽半島の（ B ）でアイヌの人々と和人との交易 が行われた。しかし，和人の進出に圧迫されたアイヌの人々は，（ C ）を指導者として， 和人と衝突した。

(1) 文中のA〜Cにあてはまる語句を書きなさい。

A（　　　　　　　）　B（　　　　　　　）　C（　　　　　　　）

(2) 下線部について，日本から輸出され東南アジアや中国に転売された産物を，次から2つ 選びなさい。 （　　）（　　）

ア 香辛料　　イ 絹織物　　ウ 武具　　エ 銅銭　　オ 屏風

第3節 人々の結び付きが強まる社会

テストに出る！ ココが要点　解答 p.5

1 技術の発達とさまざまな職業　教 p.82〜p.83

▷ 農業生産力の向上…室町時代，米と麦の（**❶**　　　）が広まる。飢きんに強い稲の品種の増加。肥料として人の糞尿を利用。牛馬による耕作。かんがい技術の発達。

▷ さまざまな職業…職人が増え，各地で**特産物**が生まれる。西陣や博多の絹織物，越前・播磨・美濃・奈良などの紙，備前・美濃・京都・奈良の刀，瀬戸の陶器など。

▷ 鎌倉時代以降，貨幣の流通が拡大し，輸入品も増加。

● 毎月開かれる定期市の開催が増加。

● 陸上輸送に（**❷**　　　）・（**❸**　　　）が，海上輸送に（**❹**　　　）（問丸）が活躍。

● 幕府や寺社が，各地に関所を作って通行税を取る。

● 京都や奈良では，（**❺**　　　）（質屋）や酒屋が高利貸し（金融業）で富を得る。

2 団結して自立する民衆　教 p.84〜p.85

▷ 「自分たちの力で解決する」という考えが広まる→共通の利害を持つ者どうしが平等の立場で結び付いて行動を起こすことの代表が（**❻**　　　）。神仏に誓って共に行動した。

▷ 一揆の広まり

● 正長の（**❼**　　　）…1428年，農民らが徳政令を幕府に要求。土倉や酒屋を襲い，証文を破り捨てる。

● 山城の（**❽**　　　）…武士や農民が守護大名を追放し，8年間にわたり自治を行う。

● 加賀国の一向宗（浄土真宗）の信徒らが（**❾**　　　）を起こし，約100年間にわたり自治を行う。

▷ （**❿**　　　）（惣村）…地域を自分たちで運営する動き。寄合で村の問題を解決し，独自に村のおきてを定める。

▷ 都市の自治

● （**⓫**　　　）…商工業者による同業者の団体。寺社などに保護され営業を独占。

● 町衆…京都などの豊かな商工業者。都市運営を行う。

満点★ミッション

❶二毛作　1年の間に同じ土地で異なる作物を栽培すること。

❷馬借　馬に荷を乗せて運搬する者。

❸車借　荷車に荷を乗せて運搬する者。

❹問（問丸）　年貢などを川や海を利用して運んだ業者。

❺土倉　土倉（土の蔵）を持つ高利貸し（金融業）。

❻一揆　ある目的を持って団結して行動すること。

❼土一揆　農民らが借金の帳消しを要求して起こした一揆。

❽国一揆　武士や農民らが一国の自治を行った一揆。

❾一向一揆　浄土真宗の信徒らが自治を行った一揆。

❿惣（惣村）　農民らの自治組織。

⓫座　都市の商工業者らによる同業者の組合。

3 全国に広がる下剋上

教 p.86〜p.87

▷ 8代将軍足利義政の跡継ぎ問題に守護大名の**細川氏**と**山名氏**の争いが結び付き，1467年に（⑫　　　　　　　　）が起こる。

● 11年間の戦乱→実力で上の者を倒して権力を握ろうとする（⑬　　　　　　　）の風潮が広まる。

▷ 戦国時代…幕府の支配を離れて領内を支配する戦国大名が登場。約100年間，各地で争う。

▼各地の主な戦国大名

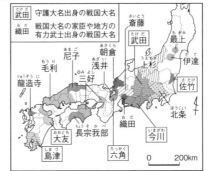

守護大名出身の戦国大名
戦国大名の家臣や地方の有力武士出身の戦国大名

武田　織田　斎藤　武田　最上　尼子　朝倉　浅井　上杉　伊達　佐竹　毛利　三好　龍造寺　織田　今川　北条　大友　長宗我部　六角　島津

0　200km

▷ 戦国大名の支配…強力な軍隊を作り，堅固な城を建設。

● 産業や経済の発展を図る。

● （⑭　　　　　　　　）をつくり，家臣や商工業者を住まわせる。

● （⑮　　　　　　　　）を制定。

4 庶民に広がる室町文化

教 p.88〜p.91

▷ 禅宗の影響を受けた武家の文化が公家の文化と混じり合う。

▷ （⑯　　　　　　　　）…**足利義満**が**金閣**を建てたころの文化。

● **能**が**観阿弥**と**世阿弥**によって完成。

● （⑰　　　　　　　　）…能の合間に演じられた。

▼金閣

▷ （⑱　　　　　　　　）…応仁の乱後に足利義政が銀閣を建てたころの文化。

● 銀閣や東求堂同仁斎の建築に（⑲　　　　　　　　）を採用…床の間に生け花。茶の湯。

● **枯山水**の庭園…龍安寺などの禅宗寺院。**河原者**が造る。

● 絵画…（⑳　　　　　　　　）が水墨画で日本の風景を描く。

▼雪舟の水墨画

▷ 庶民による文化

● （㉑　　　　　　　　）が地方に広まる。

『**浦島太郎**』，『**一寸法師**』などの（㉒　　　　　　　）。

▷ 正月や節分，端午の節句，七夕などの**年中行事**が行われる。

▷ 「わび」や「さび」といった日本的感覚が育まれる。

満点★ミッション

⑫**応仁の乱**
将軍家の跡継ぎ問題がきっかけで1467年から11年間続いた戦乱。

⑬**下剋上**
身分の下の者が，上位の者に取って代わろうとする風潮。

⑭**城下町**
戦国大名が城の周囲につくった町。

⑮**分国法**
戦国大名が作った独自の法律。

⑯**北山文化**
足利義満のころを中心とする文化。

⑰**狂言**
能の合間に演じられた喜劇。

⑱**東山文化**
足利義政のころを中心とする文化。

⑲**書院造**
床の間があり，畳を敷き詰めるなどの特徴がある建築様式。

⑳**雪舟**
室町時代，水墨画で日本の風景を描いた禅僧。

㉑**連歌**
和歌の上の句と下の句を別の人が次々に読み継ぐ文芸。

㉒**お伽草子**
『浦島太郎』など庶民を主人公にしている物語。

テストに出る！

予想問題　第3節　人々の結び付きが強まる社会

⏲30分

/100点

1 室町時代の社会について，次の問いに答えなさい。　　　　　4点×8〔32点〕

よく出る (1) ①〜⑤の下線部のことがらを何といいますか。

① 同じ年に同じ土地で米と麦など2つの作物を育てる方法が広まった。

（　　　　　）

② 交通が盛んになり，陸上では馬を使った運送業者が活躍した。（　　　　　）

③ 決められた日に行われていた市が，月3回から6回に増えた。（　　　　　）

④ 都市で商人たちが同業者の団体を組織し，営業を独占していた。（　　　　　）

⑤ 蔵を持ち，高利貸しを営んで大きな富をもつ商人が増えた。（　　　　　）

(2) 右の資料は，ある村で独自に定められたきまりです。このころに生まれた，村の運営を行っていた自治組織を何といいますか。また，代表者たちが話し合う場を何といいますか。

自治組織（　　　　　）

話し合いの場（　　　　　）

一，よそ者は，身元保証人がなければ村内に住まわせてはならない。

一，村の所有地と私有地の境界の争いは金で解決しなさい。

(3) 右の資料は，京都の祇園祭の様子を描いています。この祭りを復興させた商工業者を何といいますか。

（　　　　　）

2 右の年表について，次の問いに答えなさい。　　　　　4点×5〔20点〕

(1) Aの一揆について，次の問いに答えなさい。

① Aにあてはまる語句を書きなさい。

（　　　　　）

記述 ② Aの一揆は幕府に対して何を要求しましたか。簡単に書きなさい。

（　　　　　　　　　　　）

(2) Bのような一揆を何といいますか。

（　　　　　）

(3) Cの一揆について，次の問いに答えなさい。

① Cにあてはまる語句を書きなさい。（　　　　　）

② この一揆が起こった場所を，地図のア〜ウから選びなさい。

（　　　　　）

年代	できごと
1428	正長の（ A ）が起こる
1485〜1493	B武士や農民らが守護大名を追放し，自治を行う
1488〜1580	（ C ）の信徒らが自治を行う

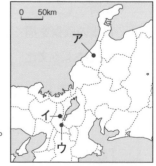

0　50km

ア

イ

ウ

3 次の文を読んで，あとの問いに答えなさい。　(3)8点，他4点×4〔24点〕

15世紀の半ば，a 8代将軍の跡継ぎをめぐって争いが始まると，これに有力な守護大名のあいだの争いが複雑に結びつき，b 1467年から11年間に及ぶ戦乱が起こった。京都は焼け野原となり，多くの守護大名は領地に戻った。しかし，地方でも一揆や地方の武士たちの反乱が続き，c 下剋上の風潮が広がっていった。

(1) 下線部 a の将軍は誰ですか。（　　　　　）

(2) 下線部 b の戦乱を何といいますか。（　　　　　）

(3) 下線部 c の下剋上とはどのようなことを意味しますか。「実力」の語句を使って簡単に説明しなさい。
（　　　　　　　　　　　　　　　）

(4) この15世紀末に登場した戦国大名について，次の問いに答えなさい。

① 戦国大名が定めた独自の法律を何といいますか。（　　　　　）

② 戦国大名が行った領国支配について，誤っているものを次から選びなさい。（　　）

ア 大規模な治水・かんがい工事を行い，耕地を広げていった。

イ 金山・銀山の開発に力を入れた。

ウ 荘園領主の支配を認め領内の荘園を保護した。

エ 城下町に家臣を住まわせ，商工業者を呼び寄せた。

4 室町時代の文化について，次の問いに答えなさい。　4点×6〔24点〕

(1) 資料1を建てた将軍は誰ですか。（　　　　　）

資料1

(2) 資料1のころの文化を何といいますか。（　　　　　）

(3) 猿楽や田楽から発展し，観阿弥・世阿弥によって完成された芸能を何といいますか。（　　　　　）

(4) 資料2は，銀閣と同じ敷地にある東求堂同仁斎です。ここに取り入れられた，後の和風建築の基本となった建築様式を何といいますか。（　　　　　）

資料2

(5) 次の文は，資料2が建てられたころに活躍した人物について述べています。（　）にあてはまる語句を書きなさい。

（ ① ）が，墨一色で描く（ ② ）を明で学び，日本の風景を巧みに描いた。

①（　　　　　）②（　　　　　）

第1節 大航海によって結び付く世界

満点★ミッション

テストに出る！ ココが要点 解答 p.6

1 ヨーロッパの変革 教 p.94〜p.95

▷ （**❶**　　　　　）の遠征…11世紀末，**ローマ教皇**が聖地エルサレムをイスラム勢力から奪い返すよう呼びかけた。失敗したが，貿易が活発になり，天文学などの学問がヨーロッパに伝わる。

▷ （**❷**　　　　　）（**文芸復興**）…14世紀に生まれた風潮。

▷ （**❸**　　　　　）…16世紀，**ルター**が始める。ルターやカルバンを支持する人々が**プロテスタント**とよばれる。

● カトリック教会では**イエズス会**による改革。海外布教を行う。

2 大航海時代の幕開け 教 p.96〜p.99

▷ ヨーロッパ…**香辛料**や**絹織物**を求めて，新航路の開拓を目指す。

▷ **大航海時代**…**ポルトガル**と**スペイン**がアジア貿易に進出。

● 1492年，（**❹**　　　　　）が西インド諸島に到達。

● 1498年，（**❺**　　　　　）が喜望峰を回ってインドに到達。

● 1522年，（**❻**　　　　　）の一行が世界一周に成功。

▷ スペイン…独自の文化を持つアメリカ大陸の**アステカ王国・インカ帝国**を征服。先住民を酷使したため人口が激減。不足した労働力を補うためにアフリカから**奴隷**を連れてきて働かせる。

▷ **オランダの繁栄**…17世紀，ヨーロッパの商工業・金融の中心に。

3 東アジアの貿易と南蛮人 教 p.100〜p.101

▷ 東アジアの中継貿易…琉球の貿易船や倭寇などが行う。16世紀半ばから，マカオに居留したポルトガルと，マニラを拠点にしたスペインも参入。17世紀にはオランダも加わる。

▷ 1543年，（**❼**　　　　　）に漂着したポルトガル人から鉄砲が伝わる→**堺**（大阪府）や**国友**（滋賀県）で大量生産。

▷ （**❽**　　　　　）…**南蛮人**とよばれるポルトガル人やスペイン人との貿易。平戸・長崎・府内などに来航。

● 石見銀山（島根県）などで産出された銀を輸出。

▷ キリスト教の伝来…イエズス会の（**❾**　　　　　）が1549年に伝える。 ◇宣教師たち…学校・病院・孤児院などを作る。

● キリスト教の信者の（**❿**　　　　　）が増える。

● **キリシタン大名**がローマ教皇に使節を派遣。

---

❶十字軍
エルサレムを奪い返すために遠征したヨーロッパの軍。

❷ルネサンス（文芸復興）
古代ギリシャ・ローマの文化を理想とするヨーロッパの新しい風潮。

❸宗教改革
カトリック教会や教皇を批判した動き。

❹コロンブス
スペインの援助で西インド諸島に到達した。

❺バスコ＝ダ＝ガマ
喜望峰を回ってインドに到達する新航路を開いた。

❻マゼラン
世界一周を達成した一行を率いた。途中で戦死。

❼種子島
鉄砲がもたらされた鹿児島県の島。

❽南蛮貿易
南蛮人と行った貿易。

❾フランシスコ＝ザビエル
キリスト教を伝えたイエズス会の宣教師。

❿キリシタン
キリスト教の信者。

テストに出る！
予想問題

第1節 大航海によって結び付く世界

⏱30分

/100点

1 次の年表と資料を見て，あとの問いに答えなさい。　　　　　　　　10点×10〔100点〕

年表

年代	できごと
14世紀	［　　X　　］が始まる
1492	コロンブスが西インド諸島に到達
1498	バスコ＝ダ＝ガマがインドに到達
1522	マゼラン一行がスペインに帰国する
1543	鉄砲が日本に伝わる………………A
1549	キリスト教が日本に伝わる………B

資料1

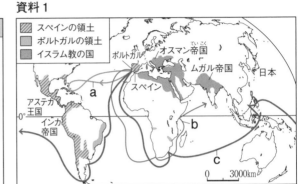

(1) Xにあてはまる，イタリアで始まった古代ギリシャ・ローマの文化を復興しようとする新しい風潮を何といいますか。　　　　　　　　（　　　　　　　　）

(2) 資料1の時代を大航海時代といいます。これについて，次の問いに答えなさい。

① これより以前，ヨーロッパの国々がイスラム勢力と接触するきっかけとなった，ローマ教皇によるイスラム勢力地域への遠征軍を何といいますか。　（　　　　　　　）

② ヨーロッパの国々が新航路を求めた理由について，次の文の（　　）にあてはまる語句を書きなさい。　　　　　　　　　　　　　　　　　　　（　　　　　　　）

> アジアの産物である（　　　　）や絹織物を直接買い入れるため。

③ 下線部のコロンブスとマゼラン一行の航路を，資料1のa～cからそれぞれ選びなさい。　　　　　　　　　　　　　　コロンブス（　　　）　マゼラン一行（　　　）

(3) Aについて，次の場所を，資料2のア～エから選びなさい。

① 鉄砲が初めて伝わった場所　　　　　（　　　）

② 鉄砲が大量生産された都市　　　　　（　　　）

(4) Aの後，日本がヨーロッパ諸国と始めた貿易を何といいますか。また，この貿易の日本の主な輸出品を，次から選びなさい。

貿易（　　　　　　　）　輸出品（　　　　）

ア 火薬　イ 銀　ウ ガラス製品　エ 生糸

資料2

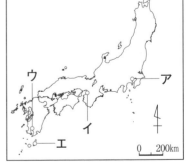

よく出る (5) 日本に初めてキリスト教を伝えた，イエズス会から派遣された宣教師の名前を書きなさい。　　　　　　　　　　　　　　　　　　　　　　（　　　　　　　　　）

第2節 戦乱から全国統一へ

テストに出る！ **ココ**が**要点**　解答 p.6

1 信長・秀吉による全国統一　教 p.104〜p.105

▷ （**❶**　　　　　　　　）…1560年，桶狭間の戦いで**今川義元**を破る。

● 1573年，足利義昭を京都から追放→室町幕府が滅びる。

● **長篠の戦い**（1575年）…大量の鉄砲を使って**武田軍**を破る。

● 仏教勢力と対立…比叡山延暦寺の焼き討ち。石山本願寺は降伏。

● **安土城**を築き，経済政策を打ち出す。**関所の廃止**。

　◇ （**❷**　　　　　　　）…市場での税を免除し，座を廃止。

● **本能寺の変**（1582年）…家臣の明智光秀に攻撃され自害。

▷ （**❸**　　　　　　　　）…信長の後継者となり，大阪城を築き，
全国統一へ。関白に就任し，朝廷の権威で諸大名の争いに介入。

● 1590年，北条氏を滅ぼし，東北の大名も従えて全国を統一。

2 秀吉が導いた近世社会　教 p.106〜p.107

▷ （**❹**　　　　　　　　）…百姓から武器を取り上げる。

▷ （**❺**　　　　　　　　）…物差しや升を統一し，石という単位を
用いて田畑の広さや収穫高を調べ，検地帳を作成。
　→荘園の制度が完全に崩れる。

▷ **兵農分離**…武士と百姓の身分の違いを明確にする。

▷ 宣教師を追放し，キリスト教を禁止したが不徹底。

▷ **朝鮮に出兵**…明の征服を目的に1592年の（**❻**　　　　　　）
と1597年の（**❼**　　　　　　）の2度出兵したが失敗。
　→朝鮮各地に絶大な被害。豊臣氏の支配が弱体化。

3 戦国大名と豪商が担った桃山文化　教 p.109〜p.111

▷ **桃山文化**…戦国大名や豪商らによる壮大で豪華な文化。

● 城…山城→平山城や平城へ。（**❽**　　　　　　）や狩野山楽
らの豪華な屏風やふすまを使用。雄大な天守を築く。

● （**❾**　　　　　　　　）が茶の湯を大成。

▷ （**❿**　　　　　　　　）…ヨーロッパから伝わった天文学や医学，
活版印刷術など。カステラ・カルタ・パンなどが日本語になる。

▷ 朝鮮から陶磁器作りの技術が伝えられる。**有田焼**など。

▷ 庶民の文化…小歌や踊りの流行。出雲の**阿国**が始めた**かぶき踊**
り。三味線の演奏に合わせた**人形浄瑠璃**。小袖が一般的な服に。

満点★ミッション

❶織田信長
尾張の戦国大名。室町幕府を滅ぼし，政治の実権を握る。

❷楽市・楽座
市場での税を免除し，座を廃止した政策。

❸豊臣秀吉
織田信長の後継者。全国を統一して，兵農分離を進めた。

❹刀狩
百姓が刀ややりを持つことを禁止した政策。

❺太閤検地
耕地の面積や収穫高を調べた政策。

❻文禄の役
1592年，豊臣秀吉による朝鮮への出兵。

❼慶長の役
1597年，豊臣秀吉による2度目の朝鮮出兵。秀吉の死で撤退。

❽狩野永徳
安土桃山時代の絵師。

❾千利休
堺の豪商で，茶の湯を大成させた人物。

❿南蛮文化
16世紀にヨーロッパの影響を受けた文化。

テストに出る！

予想問題　**第2節　戦乱から全国統一へ**

⏱30分

/100点

1 次のカードA・Bを見て，あとの問いに答えなさい。　　　10点×7〔70点〕

> **A　織田信長**
> ・a 長篠の戦いで武田氏を破る。
> ・b 安土城を築く。
> ・関所を廃止する。

> **B　豊臣秀吉**
> ・c 全国的な土地調査を行う。
> ・d 朝鮮を侵略する。
> ・キリスト教を禁止する。

(1) 右の資料は，aの様子です。Aと徳川の軍は，ア・イのどちらですか。　（　　　）

(2) Aがbの城下で行った，同業者の団体をなくして市場での税を免除する経済政策を何といいますか。
　　（　　　　　　　）

(3) 全国統一の事業はAの死後，Bに引きつがれました。Aが明智光秀に攻撃されて自害したできごとを何といいますか。　（　　　　　　　）

(4) cの政策は何とよばれましたか。また，このころにBが出した，百姓の武器の所持を禁止した法令を何といいますか。　　政策（　　　　　　　）　法令（　　　　　　　）

(5) (4)の政策や法令により，百姓と武士の身分の区別が進んだことを何といいますか。
よく出る
　　（　　　　　　　）

(6) dの説明として，誤っているものを次から選びなさい。　（　　　）
　ア　出兵は明の征服が目的だった。　　イ　李舜臣の水軍や民衆の抵抗にあい苦戦した。
　ウ　陶磁器の技術が朝鮮に伝わった。　　エ　秀吉の死によって日本軍は引き揚げた。

2 武将や豪商が力をつけたころの文化について，次の問いに答えなさい。　5点×6〔30点〕

(1) 次の①～④の文にあてはまる人物や語句を書きなさい。
　① 朝鮮人陶工の李参平によって伝えられた陶磁器作り。　（　　　　　　　）
　② 大阪城などに造られた，権力の大きさを示す高層の建築。　（　　　　　　　）
　③ 茶の湯から質素な「わび茶」を完成させた人物。　（　　　　　　　）
　④ 出雲の阿国が始め，庶民に人気となった芸能。　（　　　　　　　）

(2) 織田信長や豊臣秀吉らが活躍したころの文化を何といいますか。　（　　　　　　　）

(3) 右の資料は，ヨーロッパ文化の影響を表しています。この文化を何といいますか。　（　　　　　　　）

ポルトガル語	日本語
castela	カステラ
carta ⟹	カルタ
pão	パン

第3節 武士による全国支配の完成

満点★ミッション

❶徳川家康
関東を領地にした大名で、江戸幕府を開いた。

❷老中
幕府の政治を取りまとめた役職。老中をまとめる臨時職が大老。

❸幕藩体制
全国の土地と人々を幕府と藩が支配した体制。

❹幕領
江戸幕府が直接支配した領地。

❺親藩
徳川一門の藩。尾張・紀伊・水戸は、御三家とよばれた。

❻武家諸法度
江戸幕府が定めた大名に対する法律。

❼参勤交代
大名が1年ごとに江戸と領地を行き来する制度。

❽朱印船貿易
証書(朱印状)を持った船が行う貿易。

❾日本町
朱印船貿易でできた東南アジアで日本人が住む町。

❿島原・天草一揆
1637年、島原(長崎県)と天草(熊本県)のキリシタンや農民らが行った一揆。

テストに出る！ **ココが要点**　解答 p.7

1 幕藩体制の始まり　教 p.112〜p.113

▷ 1600年、(❶　　　　　　　)が関ヶ原の戦いに勝利。

● 1603年、江戸幕府を開く→江戸時代の始まり。

● 1615年、大阪の陣で豊臣氏を滅ぼす。

▷ 江戸時代…江戸幕府が全国の約4分の1の土地を支配。

● 幕府直属の家来が旗本・御家人。

● 幕府の政治は(❷　　　　　)が行い、若年寄が補佐した。

▼江戸幕府のしくみ

```
                    将軍
  ┌──┬──┬──┬──┬──────┬──┐
大阪  京都  寺社  若年寄  老中    大老
城代  所司代 奉行  (老中の (幕府政治の(老中まとめ
(西国  (朝廷・ (寺社の 補佐)  取りまとめ) る臨時の職)
大名の 公家・  監視)
監視  西国大名       ┌──┬──┬──┐
など)  の監視など)    遠国  勘定  町   大目付
              奉行  奉行  奉行  (大名の
              目付  (幕領の (江戸の 監視)
              (旗本・ 行政・ 町の行政・
              御家人の 幕領の 警察・
              監視)  監督  裁判)
                   (年貢の
                   徴収   郡代・代官
                   など)
```

▷ (❸　　　　　)…全国を幕府と藩が支配する体制。

● 直轄地の(❹　　　　　)以外は大名が支配(藩)。

● 徳川一門の(❺　　　　　)、はじめから徳川氏の家臣であった譜代大名、関ヶ原の戦いのころからの家臣の外様大名に区別。

▷ 幕府は(❻　　　　　)を定めて大名を統制。3代将軍の徳川家光のころに(❼　　　　　)の制度を整備。

● 朝廷に対しては禁中並公家諸法度を定め、京都所司代を設置。

2 朱印船貿易から貿易統制へ　教 p.114〜p.115

▷ 徳川家康は、対馬の宗氏を通じて朝鮮との国交を回復。

▷ (❽　　　　　)…朱印状を持って貿易→ルソン、安南、シャムなどの東南アジアに(❾　　　　　)ができる。

▷ 神への信仰を重んじるキリスト教が幕府の支配の妨げになると警戒→禁教と貿易統制を強化。

▼踏絵

● スペイン船の来航禁止や、絵踏などを実施。

▷ 1637年に重い年貢の取り立てとキリシタン弾圧に抵抗して(❿　　　　　)が起こる。

● 1639年、ポルトガル船の来航禁止。

▷ 宗門改めの強化→戸籍としても用いる。

ココが要点の答えになります。

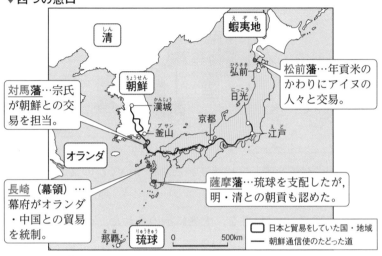

3 四つに絞られた貿易の窓口　教 p.116～p.117

▶　貿易統制と日本人の出入国の禁止政策は，江戸時代後半に，「(⑪　　　　　　　　　)」とよばれた。しかし，長崎・対馬(長崎県)・薩摩(鹿児島県)・松前(北海道)の**四つの窓口**があった。

▼四つの窓口

清
蝦夷地
朝鮮
漢城
弘前
日光
京都
江戸
釜山
対馬**藩**…宗氏が朝鮮との交易を担当。
オランダ
長崎（幕領）…幕府がオランダ・中国との貿易を統制。
松前藩…年貢米のかわりにアイヌの人々と交易。
薩摩藩…琉球を支配したが，明・清との朝貢も認めた。
那覇
琉球
0　　　500km
□ 日本と貿易をしていた国・地域
― 朝鮮通信使のたどった道

▶　長崎…(⑫　　　　　　　　)で**オランダ**と貿易。また，(⑬　　　　　　　　)の商人と貿易し，**唐人屋敷**が置かれた。

● オランダには，海外の情報を集めた(⑭　　　　　　　)を提出させる。

● 輸出品…銀・銅・海産物など。

● 輸入品…中国産の生糸・絹織物・砂糖・薬種など。

▶　朝鮮…対馬の宗氏が朝鮮の釜山に置かれた**倭館**で貿易。

● 銀や銅が輸出され，朝鮮人参や生糸・絹織物・木綿などを輸入。

● 将軍が代わるごとに(⑮　　　　　　　)を日本に派遣。

4 琉球王国とアイヌの人々への支配　教 p.118～p.119

▶　琉球王国…1609年，(⑯　　　　　　　　)が征服。

● 薩摩藩の支配下で明(のちに清)に朝貢し，貿易。

● 将軍が代わるごとに**慶賀使**を，琉球王が代わるごとに**謝恩使**を幕府に派遣。

▶　蝦夷地(北海道)…(⑰　　　　　　　)と**アイヌの人々**がにしん・鮭などの海産物や毛皮と米・木綿・鉄製品などを交換。

● 松前藩の武士がアイヌの人々の住む地へ行って交易を始める。

● アイヌの人々に不利な交易のために(⑱　　　　　　)が中心となって立ち上がる→松前藩に敗れる。

満点★ミッション

⑪鎖国
江戸時代の幕府による貿易統制。実際には完全に鎖されていたわけではない。

⑫出島
オランダ人との貿易を行った長崎の人工の島。

⑬清
17世紀，中国に成立した女真族の国。広大な土地を支配。

⑭オランダ風説書
オランダ商館長が江戸幕府に提出した外国情報。

⑮朝鮮通信使
朝鮮が江戸幕府に送った使節。

⑯薩摩藩
琉球王国を支配，厳しく監督した藩。

⑰松前藩
蝦夷地の南西部を領地とした藩。アイヌの人々と交易した。

⑱シャクシャイン
江戸時代のアイヌの指導者で，和人との交易の不平等に対して戦いを起こした。

テストに出る！

予想問題

第3節　武士による全国支配の完成

🕐30分

/100点

1 次の資料を見て，あとの問いに答えなさい。　　　　　　4点×10〔40点〕

資料1　主な大名の配置

●a ○b ◎c
◎70万石以上
50〜69万石
30〜49万石
10〜29万石

(1664年ごろ)

資料2　幕府のしくみ

資料3

一．文武弓馬の道に，ひたすら励むようにせよ。
一．Y大名が，自分の領地と江戸とを交代で住むように定める。

(一部)

(1) **資料1**は，幕府の全国支配の様子を表しています。これについて次の文の（　）にあてはまる語句を書きなさい。　　①（　　　　　　　）　②（　　　　　　　）

　●幕府は，直接の支配地である（　①　）以外を，大名に治めさせた。このように，幕府と藩が土地や人々を支配するしくみを（　②　）という。

(2) **資料1**の説明として，正しいものを次から選びなさい。　　　　　（　　　）

　ア　aは古くから徳川氏に仕える親藩で，主に重要な都市を治めた。

　イ　bは徳川一門の譜代大名で，幕府が治める地域の近くに置かれた。

　ウ　cは関ヶ原の戦いのころに徳川氏に従った外様大名で，江戸の遠方に置かれた。

　エ　治める国の石高によって，親藩，譜代大名，外様大名の区別が決められた。

(3) **資料2**のXにあてはまる役職名を書きなさい。　　　　　　　（　　　　　　　）

(4) 次の仕事を担当した役職を，**資料2**のア〜ウから選びなさい。

　①　朝廷や公家，西国の大名の監視を行った。

　②　大名たちの監視を行った。

　　　　　　　　　　　　　　　　　　　　　①（　　　）　②（　　　）

(5) **資料3**の大名が守るべききまりを何といいますか。　　　　（　　　　　　　）

(6) **資料3**の説明として，正しいものを次から選びなさい。　　　（　　　）

　ア　きまりに違反した大名は，家を取り潰されるなど厳しく罰せられた。

　イ　大名のほか，天皇や公家を統制する内容も定められていた。

　ウ　大名どうしが結婚して，結束を固めることをすすめた。

　エ　きまりは毎年改訂され，新しい内容を追加して発布した。

よく出る (7) **資料3**のYは，1635年に新たに加えられたきまりです。これを何といいますか。また，このきまりを定めた将軍の名前を書きなさい。

　　　　　　　　　　　　きまり（　　　　　　　）　将軍（　　　　　　　）

　ちょっとひといき　年代が覚えられないときは，語呂合わせをつくってみよう！

2 右の年表を見て，次の問いに答えなさい。　(3)完答，(1)(4)4点×3，他10点×2〔32点〕

(1) 年表中の**X**について，次の問いに答えなさい。

① **X**には，幕府が発行する証書を持った船が，東南アジアを中心に行っていた貿易があてはまります。この貿易を何といいますか。

（　　　　　）

② ①によって，東南アジア各地に生まれた日本人居住区を何といいますか。（　　　　　）

年代	できごと
1601	［　**X**　］が始まる
1612	幕領でキリスト教を禁止
1613	全国でキリスト教を禁止
↕Y	
1641	平戸のオランダ商館が長崎に移される

記述(2) 幕府がキリスト教を禁止した理由を，簡単に説明しなさい。

（　　　　　　　　　　　　　　　　　　　　　）

(3) **Y**の期間に起こった，次の**ア**～**エ**のできごとを古い順に並べなさい。

（　　　→　　　→　　　→　　　）

ア 日本人の海外渡航と帰国を禁止する。　**イ** スペイン船の来航を禁止する。
ウ 島原と天草で大規模な一揆が起こる。　**エ** ポルトガル船の来航を禁止する。

よく出る(4) 幕府が貿易を統制し，日本人の出入国を禁止した政策は，江戸時代の後半に何とよばれるようになりましたか。（　　　　　）

3 幕府や藩の統制下で行われていた交易について，次の問いに答えなさい。

(1)3点×4，他4点×4〔28点〕

(1) 次の①～④との交易の窓口を，地図中から選びなさい。
① 朝鮮　　　　　　　（　　）
② アイヌの人々　　　（　　）
③ 琉球王国　　　　　（　　）
④ 清・オランダ　　　（　　）

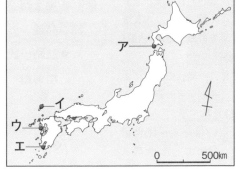

(2) 次の①～④の文にあてはまる語句を書きなさい。

① 毎年来航するオランダ船に幕府が提出させた，海外の情報を集めた報告書。

（　　　　　）

② 将軍が代わるたびに朝鮮が派遣した就任祝いの外交使節。（　　　　　）

③ 不利な貿易が強制されて立ち上がったアイヌの人々の指導者。

（　　　　　）

④ オランダ商館が平戸から移され，幕府との貿易が行われた長崎の島。

（　　　　　）

第4節 天下泰平の世の中

テストに出る！ ココが要点　解答 p.8

1 身分制の下での暮らし　教 p.124～p.125

▷ 兵農分離が進み，武士・百姓・町人に区別される身分制に。

- **武士**…苗字(姓)を名乗る，刀を差す(帯刀)などの特権。
- **百姓**…年貢を納める**本百姓**と農地がない**水呑百姓**。**五人組**の連帯責任，名主(庄屋)・組頭・百姓代の村方三役による自治。
- **町人**…商人や職人。地主・家持と地借・店借に分かれる。

▷ 5代将軍(❶　　　　　　　)は武力ではなく，学問や礼節を重んじる(❷　　　　　　　)に転換。

- 上下関係を重視する(❸　　　　　　　)→家制度が確立。湯島(東京都)に孔子をまつる聖堂。・生類憐みの令で社会が混乱。

2 安定する社会と諸産業の発達　教 p.126～p.127

▷ 用水路の建設，干拓による(❹　　　　　　　)→石高増加。

- 備中鍬や千歯こきなどの道具や，肥料として干鰯・油かすを利用。

▷ 特産物の生産…**綿花**など販売目的の商品作物として作られる。

▷ 漁業・鉱業などの発達…九十九里浜のいわし漁，紀伊・土佐の捕鯨・かつお漁，赤穂の塩，佐渡金山・石見銀山・生野銀山。

3 各地を結ぶ陸の道・海の道　教 p.128～p.129

▷ 交通…**五街道**を定め，宿場を設置。飛脚による通信が発達。

- 航路…**西廻り航路**，**東廻り航路**が開かれる。大阪から江戸へ菱垣廻船・樽廻船が日用品を運ぶ。

▷ (❺　　　　　　　)…「将軍のおひざもと」の江戸。朝廷があり，文化の中心地の京都。「天下の台所」の大阪には諸藩の(❻　　　　　　　)が置かれ，年貢米や特産物を取り引き。

▷ 商人は同業組織の(❼　　　　　　　)を結成し，営業を独占。

4 上方で栄えた町人の元禄文化　教 p.132～p.133

▷ (❽　　　　　　　)…17世紀末～18世紀初めの文化。

▷ 浮世草子作者の(❾　　　　　　　)，**人形浄瑠璃・歌舞伎台本作者の**(❿　　　　　　　)，**俳諧の**(⓫　　　　　　　)。

▷ **菱川師宣**が役者絵や美人画を描き，**浮世絵**の祖といわれる。

▷ 京都で，**俵屋宗達**や**尾形光琳**らが華麗な装飾画を描く。

▷ **関孝和**…和算で優れた研究，**渋川春海**…日本独自の暦を作成。

満点✦ミッション

❶**徳川綱吉**
文治政治に転換した江戸幕府の5代将軍。

❷**文治政治**
武力ではなく学問や礼節を重んじる政治。

❸**朱子学**
主従関係や上下関係を重視する儒学の教えの1つ。

❹**新田開発**
新しく開墾して耕地を増やすこと。

❺**三都**
江戸幕府の直轄地である江戸・大阪・京都。

❻**蔵屋敷**
江戸時代に藩が大阪に設置した，年貢米を貯蔵した蔵(倉庫)。

❼**株仲間**
江戸時代の商人による同業者の組織。

❽**元禄文化**
17世紀末～18世紀初めの上方(大阪・京都)中心の文化。

❾**井原西鶴**
大阪の町人で浮世草子(小説)の作者。

❿**近松門左衛門**
歌舞伎や人形浄瑠璃の台本作者。

⓫**松尾芭蕉**
俳諧の芸術性を高めた人物。

ココが要点の答えになります。

第4節 天下泰平の世の中

⏱30分

/100点

1 江戸時代の社会について，次の問いに答えなさい。　　　　　　　　8点×5〔40点〕

(1) 身分制度を守るため，幕府が重んじた学問は何ですか。漢字3字で書きなさい。

（　　　　　　　　　）

(2) 全人口の大半を占めた百姓について，次の問いに答えなさい。　　**資料**

① 納税や犯罪の防止のために農村で作られた組織を何といいま

すか。　　　　　　　　　　　　　　　　　（　　　　　　　　　）

② **資料**の農具の名前を，□□から選

びなさい。

備中鍬	からさお
唐箕	千歯こき

（　　　　　　　　　）

(3) 江戸時代の都市について，次の問いに答えなさい。

① 大阪には，領地から送られた年貢米や特産品を納める建物が並んでいました。これを

何といいますか。　　　　　　　　　　　　　　　　　　　　　　（　　　　　　　　　）

② 都市の商人が，同業者で結成した組織を何といいますか。　　（　　　　　　　　　）

2 次の文を読んで，あとの問いに答えなさい。　　　　　　　　　　10点×6〔60点〕

> 17世紀後半から，災害や金銀の産出量の減少などにより，幕府の財政は悪化していっ
> た。a幕府が行った財政再建の政策は，かえって経済の混乱を招き，人々の生活は苦し
> くなった。このころ，都市では裕福な町人が現れ，17世紀末から18世紀初めにかけて
> b上方の町人を中心とした文化が発達した。

(1) 下線部aの政策にあてはまるものを，次から選びなさい。　　　　（　　　）

ア 湯島（東京都）の聖堂で，武士や農民にさまざまな学問を学ばせた。

イ 小判に含まれる金の量を減らし，大量に発行した。

ウ 生類憐みの令を出して，貧しい人々のために年貢を軽減した。

(2) 下線部bの文化を何といいますか。　　　　　　　　　　　　　（　　　　　　　　　）

(3) (2)について，次の文にあてはまる人物名を，それぞれ書きなさい。

① 大阪の町人で，町人の生活を浮世草子に描いた。　　　　　　（　　　　　　　　　）

② 人形浄瑠璃や歌舞伎の台本を書き評判となった。　　　　　　（　　　　　　　　　）

③ 俳諧を広め，『おくのほそ道』などを出版した。　　　　　　（　　　　　　　　　）

(4) このころ江戸で活躍した菱川師宣が描いた，役者絵や美人画などを何といいますか。

（　　　　　　　　　）

第3章 近世　武家政権の展開と世界の動き

第5節 社会の変化と幕府の対策

 満点★ミッション

❶享保の改革
8代将軍徳川吉宗が行った改革。

❷公事方御定書
幕府の法令をまとめて裁判の基準を定めたもの。

❸商品作物
売ることを目的として作られた産物。

❹問屋制家内工業
問屋から原料や道具を借りて農家などが手工業で生産するしくみ。

❺打ちこわし
都市の人々が商人を襲うこと。

❻田沼意次
18世紀，商工業者を積極的に利用した政策を行った老中。

❼松平定信
寛政の改革で，農村と幕府の財政の立て直し，飢きん対策などを行った老中。

❽国学
日本の古典を研究し，日本古来の精神を学ぶ学問。

❾蘭学
オランダ語で西洋の学問を研究する学問。

❿伊能忠敬
日本全国を歩いて測量し，正確な日本地図を作成した。

テストに出る！ ココが要点　解答 p.8

1 貨幣経済の広まり　教 p.134〜p.135

▷ 8代将軍徳川吉宗が（❶　　　　　　）を実施。
- 新田開発を進め，年貢取り立てを豊作不作に関わらず一定に。
- 大名に米を献上させる（上米の制）→幕府の収入増加。
- （❷　　　　　　）の制定。目安箱の設置。人材を登用。

▷ 農村で，綿花や紅花・藍などの（❸　　　　　　）の栽培が拡大。（❹　　　　　　）による商品生産も行われる。

▷ 貨幣の流通が拡大→格差が広がり，農民が地主や小作人に。

2 繰り返される要求と改革　教 p.136〜p.137

▷ 年貢の軽減や役人の交代を訴える百姓一揆，都市で米を買い占めた商人を襲う（❺　　　　　　）が続く。
　◇ 傘連判状…一揆の参加者が共同で責任を取ることを示した。

▷ （❻　　　　　　）の政治…商工業の発展を図る。
- 賄賂が横行，天明の飢きん→百姓一揆・打ちこわしの拡大。

▷ （❼　　　　　　）の寛政の改革…質素・倹約を掲げる。
- 江戸の出稼ぎ者を村に帰す。米を蓄えさせる。
- 出版物の統制。幕府の学校で朱子学以外の儒学を禁止。
- 軽犯罪者更正のため，人足寄場の設置。

3 江戸の庶民が担った化政文化　教 p.138〜p.141

▷ 化政文化…19世紀初め（文化・文政期），江戸の庶民が中心。
- 川柳・狂歌が流行。

浮世絵	役者絵	東洲斎写楽	文学	俳諧	与謝蕪村，小林一茶
	美人画	喜多川歌麿			十返舎一九『東海道中膝栗毛』
	風景画	葛飾北斎 歌川（安藤）広重			曲亭（滝沢）馬琴『南総里見八犬伝』

▷ （❽　　　　　　）…本居宣長が『古事記伝』を書く。
- （❾　　　　　　）…西洋の学問を学ぶ。杉田玄白・前野良沢らはオランダ語の医学書を翻訳した『解体新書』を出版。長崎でシーボルトが蘭学者，医学者を育てた。
- （❿　　　　　　）…西洋の測量術を基に日本地図を作成。

▷ 寺子屋が庶民の教育を，藩校が武士の子弟の教育を行う。

テストに出る！

予想問題 第5節 社会の変化と幕府の対策

⏱30分

/100点

1 右の年表を見て，次の問いに答えなさい。

(1)(3)6点×4，他5点×8〔64点〕

年代	できごと
1716	徳川吉宗の改革が始まる………A
1772	田沼意次が老中となる
1787	松平定信の改革が始まる………B

よく出る (1) 年表中のA・Bの改革を何といいますか。

A（　　　　　）　B（　　　　　）

(2) 次の①〜④の政策の（　）にあてはまる語句を書きなさい。また，その政策が行われた改革をA・Bから選びなさい。

① 庶民の声を聞くため（　　）を置いた。
（　　　　　）改革（　）

② 幕府の学校で（　　）以外の儒学を禁止。
（　　　　　）改革（　）

③ 参勤交代の軽減の代わりに幕府に米を献上させる（　　）を行った。
（　　　　　）改革（　）

④ 裁判や刑の基準を定めた（　　）を制定。
（　　　　　）改革（　）

(3) このころ，農村や都市で領主や商人に対する暴動がたびたび起こりました。次の問いに答えなさい。

① 都市で米の買い占めをした商人を，貧しい人々が襲ったことを何といいますか。（　　　　　）

記述 ② 右の資料は，百姓たちが訴えを表明した連判状です。円形に名前が記してある理由を簡単に説明しなさい。

（　　　　　　　　　　　　　　　　　　　　　）

2 江戸時代の文化について，次の問いに答えなさい。

6点×6〔36点〕

(1) 右の資料は『富嶽三十六景』の一つです。描いた人物を，◻︎から選びなさい。（　　　　　）

| 葛飾北斎　喜多川歌麿　歌川広重 |

よく出る (2) このころに栄えた文化を何といいますか。
（　　　　　）

(3) このころの学問について，次の①・②にあてはまる語句を書きなさい。

① 本居宣長が大成した日本古来の精神を学ぼうとする学問。（　　　　　）

② 杉田玄白らが出版したオランダ語の人体解剖書の翻訳書。（　　　　　）

(4) 全国を歩き，正確な日本地図を作った人物はだれですか。（　　　　　）

(5) 町人や百姓の子が「読み・書き・そろばん」を学んだところを何といいますか。
（　　　　　）

第1節 欧米諸国における「近代化」

テストに出る！ ココが要点

解答 p.9

1 市民革命の始まり 教 p.148～p.149

▷ 「近代化」…身分制を廃止し，専制君主政を抑えることで，自由で平等な「市民」がつくる市民社会と資本主義社会が成立。

▷ イギリス…17世紀，地主や商工業者が議会に進出。

- （**❶**　　　　　　　）…ピューリタン(清教徒)の指導者クロムウェルが王政を廃止して（**❷**　　　　　　　　）を実現。
- （**❸**　　　　　　　）…1688年，議会が復活していた王を追放。（**❹**　　　　　　　）が定められ，国王も法に従って政治を行う（**❺**　　　　　　　）と議会政治の確立へ。

▷ アメリカ…13植民地が新しい税に反対。イギリスとのアメリカ独立戦争を起こす→1776年に（**❻**　　　　　　　）を発表。

- ワシントンを総司令官とする植民地軍が勝利し，共和政と三権分立を定めた合衆国憲法を制定。

2 人権思想からフランス革命へ 教 p.150～p.151

▷ 17世紀後半，フランスのルイ14世の王政…華やかな宮廷生活と戦争による財政圧迫→増税→18世紀，啓蒙思想が盛んに。

▷ 啓蒙思想…すべての人が生まれながらにもつ自由・平等などの（**❼**　　　　　　　）を尊重する社会をつくろうとする考え方。

ロック	モンテスキュー	ルソー
イギリス	フランス	フランス
社会契約説…社会は個人どうしの契約で成り立ち，政府もその契約下でつくられるべきと説く。	三権分立…権力の集中を防ぐために，立法・司法・行政を分立させる。	人民主権…主権者である人民が国家をつくり，社会全体の利益を目指す政治を担うべきと説く。

▷ フランス…1789年，商工業者や一部の貴族，農民や都市の民衆らによるフランス革命が起こり，共和政となる。基本的人権の尊重と人民主権を主張した（**❽**　　　　　　　）を発表。

▷ フランス革命に対し，ヨーロッパ諸国がフランスを攻撃。

- 軍人の（**❾**　　　　　　　）が撃退して政権を握る。
  - ◇1804年，国民投票で皇帝となる→ヨーロッパ諸国を征服。
- 各地に自由・平等の意識が広がり，民族意識が高まる。

満点★ミッション

❶ピューリタン革命
イギリスでのピューリタンが王政を打倒した革命。

❷共和政
国王や皇帝ではなく，国民が行う政治。

❸名誉革命
1688年にイギリスで国王を処刑せずに追放した市民革命。

❹権利の章典
名誉革命のときに立憲君主政と議会政治を定めたもの。

❺立憲君主政
国王や皇帝はいるが，その権限を法で制限して国民が憲法に基づいて行う政治。

❻独立宣言
1776年に北アメリカの13植民地がイギリスから独立することを宣言。

❼基本的人権
すべての人が生まれながらにもつ自由や平等などの権利。

❽人権宣言
フランス革命で基本的人権の尊重や人民主権をうたった宣言。

❾ナポレオン
1804年にフランスで皇帝に即位した軍人。『ナポレオン法典』を制定。

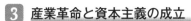

3 産業革命と資本主義の成立 教 p.152〜p.153

▷ (⑩　　　　　　　　　　)…18世紀半ばにイギリスから始まる。

● 紡績機や機織機の発明，蒸気機関の改良などにより生産力や輸送力が向上→工業中心の社会へ大きく変化。

▷ (⑪　　　　　　　　　) の成立。←

● 機械化や地主の農業支配で手工業者・農民が失業→工場の労働者となり，**資本家**が**労働者**を雇う。

▷ 労働者の環境…低賃金，長時間労働，女性や子どもの雇用。

● **マルクス**らが労働者中心の平等社会を目指そうとする
(⑫　　　　　　　　) の考えを唱える。

4 欧米諸国の近代国家建設 教 p.154〜p.155

▷ 19世紀から，ヨーロッパや北アメリカで人々を「国民」としてまとめる**近代国家**の建設が進む。

▷ **アメリカ**…綿工業を中心に商工業が発達する北部と綿花栽培が盛んな南部との間で，1861年に (⑬　　　　　　　　) が始まる。

● (⑭　　　　　　　) 大統領が奴隷解放を宣言し，**北部**を勝利に導く。

▷ **ドイツ**…プロイセン王国が，(⑮　　　　　　) 首相の下で小国を統一し，1871年に**ドイツ帝国**が誕生。

▷ **ロシア**…皇帝の専制政治下で，**南下政策**に失敗→旧来の制度の改革とシベリア・中央アジアへの進出に乗り出す。

5 世界進出を目指す欧米諸国 教 p.156〜p.159

▷ **イギリス**…工業製品を大量に生産・輸出し，「世界の工場」とよばれる→最大の (⑯　　　　　　) をもつ帝国となる。

● インドでは，イギリスの安い綿製品が流入したため，伝統的な手織りの綿布産業が打撃を受ける。

◇ 1857年，(⑰　　　　　　　) が起こる→インドを直接支配。

▷ 欧米諸国は，自分たちに有利な経済の分業のしくみを作り出す。

● 自由貿易を掲げて，**植民地**に自国の工業製品を輸出。

● アジア・アフリカの植民地には (⑱　　　　　　) を強制する。

◇ マレー半島でのゴムの生産や，ジャワ島でのさとうきびの栽培。

▷ 植民地となったアジア・アフリカの国々…欧米諸国を中心とした不平等なしくみの下，自国の経済や産業を発展させられない状態が続いた→現在まで続く経済格差(**南北問題**)につながる。

満点★ミッション

⑩産業革命
機械や蒸気機関の改良によって大量生産を可能にした，産業と社会の変化。

⑪資本主義
資本家が労働者を雇い，利益を目指して生産活動を行う。

⑫社会主義
労働者を中心に平等な社会を目指す思想。

⑬南北戦争
19世紀後半のアメリカ合衆国で南北が対立した戦争。

⑭リンカン
19世紀後半のアメリカ大統領。「人民の，人民による，人民のための政治」と説く演説を行った。

⑮ビスマルク
ドイツ帝国を誕生させたプロイセン首相。

⑯植民地
他の国に支配された地域。本国に政治や外交の権利を奪われ原料の入手先や製品の販売先とされた。

⑰インド大反乱
1857年にインドで起きた，イギリスの植民地支配に反対する反乱。

⑱モノカルチャー
一国の産業や輸出が特定の農産物などに依存している経済。

テストに出る！

予想問題　**第1節 欧米諸国における「近代化」**　⏱30分

/100点

1 次のカードと資料を見て，あとの問いに答えなさい。　　(2)②完答，5点×10〔50点〕

A	イギリスで名誉革命が起こる
B	アメリカで独立戦争が起こる
C	フランス革命が起こる

資料1

1. 国王は，議会の承認なく法律を停止することはできない。
9. 議会における言論の自由は，守られなくてはならない。
13. 議会はしばしば開かれなくてはならない。
（一部要約・抜粋）

資料2

1. 人間は，生まれながらにして自由かつ平等な権利を持っている。
3. すべて主権は，本来人民（国民）にある。
11. 思想と言論の自由は，人間の最も貴重な権利の一つである。
（一部要約・抜粋）

(1) カードA〜Cの説明としてあてはまるものを，次から選びなさい。

A（　　）　B（　　）　C（　　）

ア　国王の専制政治や重い税負担に苦しんだ人々によって，王政が廃止された。

イ　本国が新しい税を課すと，反発した人々が立ち上がった。

ウ　議会と対立した国王を追放し，議会を尊重する新しい国王を迎えた。

(2) カードAについて，次の問いに答えなさい。

① 名誉革命が起きた翌年に発表された**資料1**を何といいますか。（　　　　　）

② **資料1**によって定められたイギリスの政治として，正しいものを次から選びなさい。また，この政治体制を何といいますか。　　記号（　　　　）

語句（　　　　　）

ア　政治は，国民によって選ばれた議会の承認に基づいて国王が行う。

イ　政治は，国王によって選ばれた議員で構成される議会が行う。

ウ　国王は存在するが，法律によって制限され，国民が政治を行う。

エ　国王に統治の権利があり，議会は国民の同意を得るためにある。

(3) カードBについて，次の問いに答えなさい。

① 独立戦争はどこの国からの独立を目指したものでしたか。（　　　　　）

② 植民地軍の総司令官は誰ですか。（　　　　　）

(4) カードCについて，次の問いに答えなさい。

① フランス革命の際に出された，**資料2**を何といいますか。（　　　　　）

よく出る ② **資料2**の下線部の権利を何といいますか。漢字5字で書きなさい。

（　　　　　）

③ フランス革命が広がることを恐れたヨーロッパ諸国の攻撃を退け，1804年には皇帝となったのは誰ですか。

（　　　　　）

　ちょっとひといき　教科書の横のコラムにも目を通しておこう！

2 右のA〜Cは，17〜18世紀に活躍した啓蒙思想家です。次の文を読んで，あとの問いに答えなさい。

3点×5〔15点〕

> Aは，社会は個人どうしの契約によって成り立ち，政府もその個人との契約の下につくられるべきだという（ ① ）を説いた。
> Bは，権力の集中を防ぐため，立法権・司法権・行政権はそれぞれ独立させるべきだとする（ ② ）を説いた。
> Cは，主権者である一般の人々（人民）が国家をつくり，社会全体の利益を目指す政治を行うべきだという人民主権を説いた。

(1) A〜Cの人物名を右から選びなさい。

　　A（　　　　　） B（　　　　　）

　　C（　　　　　）

ルソー　　ロック　　モンテスキュー

(2) 説明文の①・②にあてはまる語句を答えなさい。

　　①（　　　　　）　②（　　　　　）

3 次の文を読んで，あとの問いに答えなさい。

5点×7〔35点〕

> 18世紀半ば，a イギリスでは蒸気機関の改良によって技術革新が進み，産業が発展した。その結果，b 手工業者の失業が増加し，労働者となる人々もいた。そして，労働・生活環境が悪化したことから，c 労働者の権利を保障した平等な社会を目指す考えが生まれた。工業化の影響はヨーロッパやd アメリカに広がり，それまでの貿易のしくみを変えた。この結果，e 欧米諸国は，植民地を求めてアジアなどに進出した。

(1) 下線部aについて，このような社会の変化を何といいますか。（　　　　　）

(2) 下線部bについて，資本家が労働者を雇い生産活動をするしくみを何といいますか。（　　　　　）

(3) 下線部cについて，次の文の（　）にあてはまる語句を書きなさい。
● ドイツの思想家・経済学者の（ ① ）は資本家や地主を否定し，労働者を中心とした社会を目指す（ ② ）の思想を説いた。

　　①（　　　　　）　②（　　　　　）

(4) 下線部dについて，1861年，自由貿易や奴隷制をめぐる対立からアメリカで起きた内戦を何といいますか。（　　　　　）

(5) (4)のときのアメリカ大統領は誰ですか。（　　　　　）

(6) 下線部eについて，1857年，イギリスの植民地支配に不満を持つ人々の反乱が起こりました。この反乱を何といいますか。（　　　　　）

第2節 開国と幕府の終わり①

満点★ミッション

❶間宮林蔵
樺太が島であること
を確認した人物。

❷異国船打払令
外国船の来航に対し
て打ち払いを命じた
江戸幕府の法令。

❸アヘン戦争
1840年に起きた清
とイギリスとの戦争。
アヘン売買禁止が
きっかけ。

❹南京条約
アヘン戦争の講和条
約。イギリスは香港
島を得るなどした。

❺薪水給与令
外国船に薪や水を与
えて退去させる法令。

❻工場制手工業
働き手を作業所(工
場)に集めて分業で
生産するしくみ。日
本の近代産業発達の
基盤となった。

❼専売制
商品の生産・流通・
販売を藩の管理下に
おき，利益を独占す
る。薩摩藩の砂糖な
ど。

❽大塩平八郎
1837年に反乱を起
こした，大阪町奉行
所の元役人・学者。

❾天保の改革
江戸幕府の老中水野
忠邦が行った改革。

テストに出る！ **ココが要点**　解答 p.9

1 日本を取り巻く世界情勢の変化　教 p.160～p.161

▷ 18世紀末から外国船が来航。ロシアの通商要求を拒否。

● (❶　　　　　　　) による蝦夷地の調査。蝦夷地を幕領に。

● (❷　　　　　　　) (1825年)…外国船を追い払う方針を出す
→批判した高野長英や渡辺崋山らを処罰(蛮社の獄)。

▷ **イギリス**…19世紀，清から輸入した茶の代金の銀不足から，イ
ンドへ綿織物を輸出，インドの**アヘン**を清に密輸(三角貿易)。

● アヘンを禁止した清を (❸　　　　　　　) で破る。

● (❹　　　　　　　)…香港島を手に入れ，広州・上海など5
港を開港させ，ばく大な賠償金を得る。
◇欧米諸国の清への進出が進む。

▷ 清の敗北に衝撃を受けた幕府は，異国船打払令を撤回し，**天保**
の (❺　　　　　　　) (1842年)を発布。

● オランダ国王による開国の勧めは拒否。

2 諸藩の改革と幕府の衰退　教 p.162～p.163

▷ (❻　　　　　　　) の発達…働き手を作業所(工場)に集め，
製品を**分業**で大量に生産するしくみ。

▷ 諸藩の改革…生産力を高め，特産
物の (❼　　　　　　　) などで，
財政改革。

▼**工場制手工業による綿織物生産**

● 薩摩藩は砂糖の専売，長州藩は海運。
◇下級藩士の登用。

● 佐賀藩は陶磁器の専売で得た利益
で反射炉を造った。

▷ 天保の飢きん…一揆や打ちこわしが続発。

● 1837年，大阪町奉行所の元役人 (❽　　　　　　　) が幕領の
大阪で反乱(**大塩平八郎の乱**)→幕府に強い衝撃を与える。

▷ 老中**水野忠邦**による (❾　　　　　　　) (1841～43年)。

● 社会の安定化と幕府の強化を目指す。

● 株仲間の解散，出版の統制，ぜいたくの禁止など。

● 江戸や大阪周辺の幕領化→大名などが反発，2年ほどで改革失敗。

テストに出る！

予想問題

第2節 開国と幕府の終わり①

⏱30分

/100点

1 資料を見て，次の問いに答えなさい。　　　　　　(1)20点（完答），他10点×4〔60点〕

(1) **資料1**は，19世紀初めのイギリス・インド・清の貿易を
示しています。a〜cにあてはまるものを，次からそれぞ
れ選びなさい。

資料1

　　　　　　a（　　　）b（　　　）c（　　　）

ア　綿織物　　イ　茶・絹　　ウ　アヘン　　エ　金

(2) **資料2**は，1840年にイギリスと清との間で起こった戦い
の様子です。次の問いに答えなさい。

① この戦争を何といいますか。

資料2

　　　　　　　　（　　　　　　　　　）

② この戦争の講和条約を何といいますか。また，
この条約によって清からイギリスに譲り渡された
場所を次から選びなさい。

　　　条約（　　　　　　　　　）場所（　　　）

ア　上海　　イ　北京　　ウ　広州　　エ　香港島

(3) **資料2**の戦争後，江戸幕府が出した法令を次から選びなさい。　　　　　（　　　）

ア　異国船打払令　　イ　薪水給与令　　ウ　バテレン追放令　　エ　公事方御定書

2 右の年表を見て，次の問いに答えなさい。　　　　　　　　　　10点×4〔40点〕

(1) 年表中の**a**にあてはまる大阪町奉行所の元役人の名前を
書きなさい。　　　　　　　　　　（　　　　　　　　　）

年代	できごと
1833	天保の飢きん（〜1836）
1837	（ a ）の乱
1841	b 天保の改革（〜1843）

(2) 年表中の**b**について，次の問いに答えなさい。

① **b**を始めた老中は誰ですか。　（　　　　　　　　　）

② **b**について，正しいものを次から選びなさい。

　　　　　　　　　　（　　　　）

資料

ア　軽犯罪者の更正のため人足寄場を作った。

イ　江戸や大阪周辺の大名領を幕領にしようとした。

ウ　株仲間の営業権を認め，税を納めさせた。

エ　財政を再建するために，砂糖の専売を行った。

(3) このころ生まれた，右の**資料**のように分業で大量に製
品を生産するしくみを何といいますか。

　　　　　　　　（　　　　　　　　　）

第2節 開国と幕府の終わり②

満点★ミッション

❶日米和親条約
1854年のアメリカとの条約。2港開港。

❷日米修好通商条約
1858年に結んだ日本に不利な不平等条約。5港を開港した。

❸関税自主権
関税の率を自国が決める権利。

❹領事裁判権
外国人の犯罪を領事が自国の法律で裁く権利。

❺桜田門外の変
1860年,大老井伊直弼が暗殺された事件。

❻大久保利通
薩摩藩で下級武士から登用され,幕末以降に活躍した。

❼坂本龍馬
土佐藩出身の武士。

❽大政奉還
1867年,15代将軍徳川慶喜が政権を天皇に返したこと。

❾岩倉具視
公家。幕末以降に活躍した。

❿王政復古の大号令
1867年,天皇中心の政治に戻すことを宣言したもの。

⓫戊辰戦争
旧幕府軍と新政府軍との内戦。

テストに出る！ **ココが要点**　解答 p.10

3 黒船来航の衝撃と開国　教 p.164〜p.165

▷ 1853年,**ペリー**が浦賀に来航→翌年に(**❶**　　　　　　)を結ぶ。下田(静岡県)と函館(北海道)の2港を順次開港。

▷ 1858年に大老井伊直弼が(**❷**　　　　　　)を結び,外国人居留地で,自由な商業活動が始まる。

● 函館・神奈川(横浜)・長崎・新潟・兵庫(神戸)を順次開港。

● **不平等条約**…日本に(**❸**　　　　　　)が無く,輸出入品の関税率を決められない。(**❹**　　　　　　)を認めたため,外国人の犯罪を日本側が裁けない。

● 経済の混乱…安い綿製品の輸入による国内生産の不振。生糸・蚕種(蚕の卵)・茶の輸出で品不足→値上がり。金の流出。

▷ **尊王攘夷**の考え…天皇を尊ぶ**尊王論**と外国人を追い払おうとする攘夷論が結び付く。

● 開国に反対する大名や公家らを処罰,吉田松陰らを処刑(**安政の大獄**)した井伊直弼は(**❺**　　　　　　)で暗殺される。

4 江戸幕府の滅亡　教 p.166〜p.167

▷ 長州藩…1863年に外国船を砲撃→翌年,下関砲台を占領され,イギリス・フランス・アメリカ・オランダの4か国に敗北。

● 攘夷から開国に転換。**木戸孝允**らが藩の実権を握る。

▷ 薩摩藩…生麦事件の報復の薩英戦争(1863年)でイギリスに敗北→**西郷隆盛**や(**❻**　　　　　　)らが藩の中心となる。

▷ (**❼**　　　　　　)らの仲介で1866年に**薩長同盟**を結ぶ。

● 1866年,幕府の長州藩攻撃が失敗。

▷ 1867年に15代将軍**徳川慶喜**が(**❽**　　　　　　)を行い,江戸幕府が終わる。

同年,**西郷隆盛・大久保利通**や公家の(**❾**　　　　　　)らが(**❿**　　　　　　)により新政府成立を宣言。

▷ 1868年,**鳥羽・伏見の戦い**で(**⓫**　　　　　　)が始まり,翌年の五稜郭の戦いで新政府軍が旧幕府軍に勝利して終わる。

▷ 都市では打ちこわしが,農村では「世直し一揆」が起こる。1867年には「ええじゃないか」の騒ぎが起こる。

テストに出る！
予想問題

第2節 開国と幕府の終わり②

⏱30分

/100点

1 右の年表を見て，次の問いに答えなさい。

8点×9〔72点〕

(1) 年表中のA～Cにあてはまる語句を書きなさい。

A （　　　　　　　）

B （　　　　　　　）

C （　　　　　　　）

年代	できごと
1853	［ A ］が浦賀に来航する
1854	［ B ］が結ばれる
1858	日米修好通商条約が結ばれる
	………………………… a
	安政の大獄が起こる
1866	薩長同盟が成立する………… b
1867	大政奉還が行われる………… c
1868	［ C ］戦争が起こる

(2) aの条約が不平等条約であることについて，下線部にあてはまる語句を書きなさい。

① 日本に輸出入品の関税率を決める権利が無い。 （　　　　　　　）

② 日本国内での外国人の犯罪は，その国の領事が本国の法律で裁判する権利を認めている。 （　　　　　　　）

(3) 幕府の外交姿勢に反対する人々の間に広まっていった，天皇を尊び，外国人を追い払おうとする思想を何といいますか。 （　　　　　　　）

(4) bの薩長同盟を実現させた長州藩側の中心人物は誰ですか。 （　　　　　　　）

(5) cと同じ年に出された，新政府成立の宣言を何といいますか。 （　　　　　　　）

(6) 右のグラフは，開港後の物価の変化を示しています。開港後の社会について，誤っているものを次から選びなさい。 （　　　）

ア 生糸が多く輸出され，国内で品不足となった。

イ 米の輸入が増えて，米の値下がりが激しかった。

ウ 生活に困った農民たちによって，「世直し」を求める一揆が広まった。

エ 「ええじゃないか」と踊り歩く騒ぎが起きた。

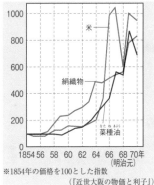

※1854年の価格を100とした指数

（『近世大阪の物価と利子』）

2 次の説明にあてはまる人物を，□□からそれぞれ選びなさい。

7点×4〔28点〕

(1) 薩摩藩で下級武士から登用され，藩の中心となった。 （　　　　　　　）

(2) 土佐藩の出身で，薩長同盟を仲介した。 （　　　　　　　）

(3) 日米修好通商条約を結び，桜田門外の変で暗殺された。 （　　　　　　　）

(4) 江戸幕府最後の将軍で，朝廷へ政権を返上した。 （　　　　　　　）

吉田松陰	西郷隆盛	徳川慶喜	井伊直弼	岩倉具視	坂本龍馬

第3節 明治政府による「近代化」の始まり

満点★ミッション

❶**五箇条の御誓文**
1868年に発表した新政府の政治方針。

❷**藩閥政治**
薩摩・長州・土佐・肥前4藩の出身者が政府の役職を独占している政治。

❸**版籍奉還**
1869年，藩が土地と人民を天皇に返したこと。

❹**廃藩置県**
1871年，新政府が藩を廃止して府や県を置いたこと。

❺**「解放令」**
江戸時代に差別されていた人々を新しく「平民」とした布告。差別は解消されず。

❻**殖産興業**
欧米の技術を取り入れて近代的な産業を育成した政策。

❼**徴兵令**
満20歳になった男子に兵役の義務を定めた法令。

❽**地租改正**
土地の地価を定めて所有者に納税の義務を定めたこと。

❾**学制**
6歳以上の子どもへの教育を義務と定めた法令。

テストに出る！ ココが要点　解答 p.10

1 新政府による改革　教 p.170～p.171

▷ 1868年，(❶　　　　　　　　)で新政府の方針を示す。古代の政治のしくみにならって**太政官制**を採用。

▷ **明治維新**…幕末からの一連の改革や社会の変化，政治の改革や，江戸を東京に改称して元号を明治とするなど。

▷ 新政府の体制…「**薩長土肥**」による(❷　　　　　　　)
- (❸　　　　　　　)(1869年)…土地と人民を天皇に返上。
- (❹　　　　　　　)(1871年)…藩を廃止し，**府・県**を設置。府知事と県令を政府が派遣し，年貢はすべて国の収入とする。

▷ 古い身分制の廃止
- 皇族・華族・士族・**平民**。平民に名字・結婚・職業などの自由。
- 「(❺　　　　　　　)」…差別されていた人々の呼び名を廃止。

2 富国強兵を目指して　教 p.172～p.173

▷ **富国強兵**…国を豊かにして，強い軍隊をつくるための政策。
- (❻　　　　　　)…お雇い外国人→欧米の技術や機械を取り入れて近代的な産業を育成。**富岡製糸場**など官営工場を設立。

▷ (❼　　　　　　)(1873年)…満20歳になった男子に兵役を義務化。多くの免除規定。士族は帯刀・俸禄などの特権を失う。

▷ (❽　　　　　　)(1873年)…土地の所有者に**地券**を発行し，地価の3％を地租として**現金**で納めさせる。

→政府の収入が安定する。農民の不満は残る。

3 文明開化と新政府の政策　教 p.174～p.175

▷ (❾　　　　　　)の発布(1873年)…全国に小学校設置。当初は授業料の負担からなかなか就学率は上がらず。

▷ 大都市を中心に欧米文化・生活様式の導入→**文明開化**が進む。
- 服装(洋服や靴)・食生活(牛鍋など)の変化，ランプの使用，れんが造りの建物，太陽暦の採用。
- **福沢諭吉**や**中江兆民**らが欧米の人権思想を紹介。

▷ 政府の改革に対し，特権を奪われた士族が各地で反乱。

▷ 農民の一揆…徴兵令に反対する「血税一揆」。地租改正反対一揆→政府は地租を地価の2.5％に引き下げ。

テストに出る！
予想問題　第3節　明治政府による「近代化」の始まり

⏱ 30分
/100点

1 新政府が行った改革について，次の問いに答えなさい。　　　　9点×5〔45点〕

(1) 1868年，天皇が神々に誓う形で出された，右の政治の方針を何といいますか。（　　　　　　　　　）

> 一，広ク会議ヲ興シ，万機公論ニ決スベシ

(2) 次の①・②について，正しく説明しているものを，あとからそれぞれ選びなさい。
①（　　　）②（　　　）

　　　① 版籍奉還　　② 廃藩置県

　ア　幕末に朝廷に対抗した藩を廃止し，土地と人民と朝廷に返上させた。

　イ　土地や人民は朝廷のものとして返上されたが，政治は藩主がそのまま行った。

　ウ　藩が廃止されて府や県が置かれ，政府から府知事・県令が派遣された。

(3) 古い身分制の廃止について，次の問いに答えなさい。
　① 百姓や町人であった人は，何とよばれるようになりましたか。（　　　　　　　　　）
　② 江戸時代に差別されていた人々が新しく①とされた，1871年に出された布告は何とよばれますか。（　　　　　　　　　）

2 次の文を読んで，あとの問いに答えなさい。　　　(5)10点，他9点×5〔55点〕

> 新政府は欧米諸国を目標に，a 近代的な産業の育成に努め，外国から技術者を招いたり機械を買い入れたりして技術を導入した。また，b 学制・c 兵制・d 税制の改革を中心にさまざまな政策が進められた。

(1) 下線部 a の政策を何といいますか。（　　　　　　　　　）

(2) 下線部 b に関して，誤っているものを次から選びなさい。（　　　　　）
　ア　6歳以上の男女への教育が義務づけられた。　　イ　学校の授業料は，国が負担した。
　ウ　全国に小学校が建設された。　　エ　女子の就学率は，男子を下回った。

(3) 下線部 c について，満20歳以上の男子に兵役を義務づけた法令を何といいますか。（　　　　　　　　　）

(4) 下線部 d について，右の**資料**が発行された改革を何といいますか。（　　　　　　　　　）

(5) (4)でははじめ，土地の所有者はどれだけの税をどのように納めることが定められましたか。「地価」の語句を使って説明しなさい。
（　　　　　　　　　　　　　　　　　　　　　　　　　　）

(6) このころ，『学問のすゝ(す)め』を書いたのは誰ですか。（　　　　　　　　　）

第4節 近代国家への歩み①

満点★ミッション

❶岩倉使節団
条約改正準備のため，欧米に派遣された，岩倉具視を代表とする使節団。

❷津田梅子
岩倉使節団で最年少の女子留学生。

❸日清修好条規
1871年，清と結ばれた対等な条約。

❹征韓論
朝鮮を武力に訴えてでも開国させようとする主張。

❺西郷隆盛
幕末から明治初めに活躍した薩摩藩出身の人物で征韓論を主張。

❻日朝修好条規
1876年に日本と朝鮮の間で結ばれた，朝鮮に不利な不平等条約。

❼樺太・千島交換条約
1875年に結ばれた樺太をロシア領に，千島列島を日本領とした条約。

❽沖縄県
1879年，琉球に設置された県。

❾屯田兵
北方の防備と北海道開拓のために移住した。主に士族出身の兵士。

テストに出る！ ココが要点　　解答 p.11

1 新たな外交と国境の画定　教 p.178〜p.179

▶ (**❶**　　　　　　　　　)の派遣…不平等条約改正の準備が目的。

● **岩倉具視**(代表)，**木戸孝允，大久保利通，伊藤博文**らが参加。

● 使節には(**❷**　　　　　　)らの留学生も同行。

◇ 改正には失敗。欧米の政治，産業，文化を詳しく見て帰る。

▶ 清との関係…(**❸**　　　　　　　)を結び，国交を開く。

▶ 朝鮮との関係…朝鮮は「鎖国」を続けていた。

● 武力に訴えてでも朝鮮に開国を迫ろうとする主張である
(**❹**　　　　　　　)を岩倉・大久保らが抑える。

◇ 対立した(**❺**　　　　　)や**板垣退助**らが政府を去る。

● その後，**江華島**事件を口実に，1876年に日本が一方的に領事裁判権をもつなど不平等な(**❻**　　　　　　)を結ぶ。

▶ 国境の画定…1875年，**樺太**をロシア領，**千島**列島を日本領とする(**❼**　　　　　　)を結ぶ。

● 翌年には**小笠原諸島**の領有を宣言し，国際的に認められた。

▼明治初期の日本の国境と外交

2 沖縄・北海道と「近代化」の波　教 p.180〜p.181

▶ 琉球…1872年，琉球を日本領に組み入れるため**琉球藩**を設置。

● 1879年，武力を背景に(**❽**　　　　　　)を設置。

● 日本化を進める…地租改正，日本語教育など。

▶ **北海道**…1869年，蝦夷地を北海道と改称。

● 開拓使を設け，(**❾**　　　　　　)による開拓を進める。

● **アイヌ**の人々に対しては，北海道旧土人保護法を制定して移住を推進→文化を保つことが難しくなる。

テストに出る！

予想問題 第4節 近代国家への歩み①

⏱30分

/100点

1 右の年表を見て，次の問いに答えなさい。 10点×7〔70点〕

(1) aの使節団について，次の問いに答えなさい。

① 使節団の代表は誰ですか。

（　　　　　　　　）

② 使節団について，誤っているものを次から選びなさい。 （　　）

ア 使節団には留学生らも同行していた。

イ 使節団は，幕末に結ばれた不平等条約改正の準備が目的だった。

ウ 使節団は，欧米諸国の政治や産業，文化の視察を行った。

エ 大久保利通・西郷隆盛・伊藤博文らの政府の有力者が派遣された。

年代	できごと
1871	欧米に使節団を派遣… a
	清と国交を開く……… b
1873	使節団が帰国する…… c
1875	ロシアと d を結ぶ
1876	朝鮮と国交を開く…… e

(2) b・eのときに結ばれた条約について，次の問いに答えなさい。

① 条約名をそれぞれ書きなさい。

b （　　　　　　　　） e （　　　　　　　　）

② 日本が相手国に，一方的な領事裁判権をもつという内容がふくまれる条約はb・eのどちらですか。 （　　）

(3) cの当時，新政府内では朝鮮を武力で開国させようとするという意見が強まっていました。この考えを何といいますか。 （　　　　　　　　）

(4) dにあてはまる語句を書きなさい。 （　　　　　　　　）

2 北海道と沖縄についての右の年表を見て，次の問いに答えなさい。 10点×3〔30点〕

(1) aについて，次の問いに答えなさい。

① 北海道に移住して，開拓使のもとで開拓や防備にあたった人々を何といいますか。

（　　　　　　　　）

年代	できごと
1869	蝦夷地を北海道と改称して，開拓使を設置……………… a
1872	☐の設置
1879	☐を廃止し沖縄県を設置

② このころのアイヌの人々の生活について，誤っているものを次から選びなさい。 （　　）

ア 住み慣れた土地からの強制的な移住が行われた。

イ 日本人風の名前を名乗らされた。

ウ 狩りや漁の場を奪われ，未開地の開墾が進められた。

エ 北海道旧土人保護法によって，アイヌ語が保護された。

(2) ☐に共通してあてはまる語句を書きなさい。 （　　　　　　　　）

第4節 近代国家への歩み②

❶民撰議院設立建白書
板垣退助らが，国会の早期開設を要求した文書。

❷西南戦争
1877年の西郷隆盛らによる政府に対する士族の反乱。

❸国会期成同盟
大阪で結成された，国会開設を要求した組織。

❹板垣退助
1881年，自由党を結成した。

❺大隈重信
1882年，立憲改進党を結成した。

❻伊藤博文
長州出身の政治家で初代内閣総理大臣。

❼内閣制度
1885年，太政官制に代わって設けられた政治制度。

❽大日本帝国憲法
1889年，天皇が国民に与える形で発布された憲法。

❾帝国議会
大日本帝国憲法で定められた二院制議会。

❿教育勅語
「忠君愛国」や親への「孝」をうたったもの。

1 自由と民権を求めて　　教 p.184〜p.185

▶ 1874年，板垣退助らが（❶　　　　　　　）を政府に提出…大久保利通らの専制政治を批判。
→自由民権運動が始まる。立志社・愛国社などの政治結社の結成。

▶ 1877年，西郷隆盛らが（❷　　　　　　　）を起こす。

▶ 1880年に（❸　　　　　　　）が結成され，国会開設の請願書が政府へ出される。民間で憲法草案が作られる。

● 1881年，官営工場や鉱山の大商人への払い下げで政府への攻撃が強まる→政府は10年後の国会開設を約束…国会開設の勅諭。

▶ 政党の結成…1881年に（❹　　　　　　　）が自由党を，翌年には（❺　　　　　　　）が立憲改進党を結成。

● 秩父地方で，生活に困った農民らが立ち上がる（秩父事件）。

● 政府は，運動を厳しく取り締まる→自由民権運動が衰える。

2 帝国憲法の成果と課題　　教 p.186〜p.187

▶ （❻　　　　　　　）…ドイツ（プロイセン）憲法を中心に調査し，帰国後に憲法草案を作成。

● 1885年，（❼　　　　　　　）を作り，初代内閣総理大臣（首相）となる→憲法草案を作成し，枢密院で審議。

▶ 1889年，天皇主権の（❽　　　　　　　）を発布。

● 天皇の権限…軍隊を率いる権限，外交権，戦争の開始・終結の権限など。

● （❾　　　　　　　）…貴族院・衆議院の二院制。

▼大日本帝国憲法下の政治のしくみ

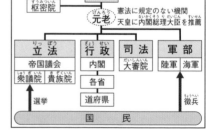

● 国民は天皇の「臣民」。
◇国民の自由は法律の範囲内の制限付きながら認められる。

● 有権者…直接国税を15円以上を納めた25歳以上の男性のみで，国民の約1.1％。

▶ 1890年，（❿　　　　　　　）を発布…「忠君愛国」の教育。

▶ 女性の権利は制限され，「家制度」の下に置かれる。

テストに出る！

予想問題　第4節 近代国家への歩み②

🕒 30分

/100点

1 次の文章を読んで，あとの問いに答えなさい。　　　　　　　　8点×5〔40点〕

> 1877年，a鹿児島の士族たちによる反乱がしずめられると，b自由民権運動が本格化した。運動は各地に広がり，1880年には国会期成同盟が結成された。翌年，政府が10年後の国会の開設を約束すると，人々はc政党を作った。生活に苦しむ農民らも組織を作ることもあり，1884年にはd埼玉県で大規模な騒動が起きた。

(1) 下線部aの反乱を何といいますか。　　　　　　　　（　　　　　　　　）

(2) 下線部bが始まるきっかけとなった，板垣退助らが1874年に政府へ提出した意見書を次から選びなさい。　　　　　　　　　　　　　　　　　　　　　（　　　　　　）

　　ア　五日市憲法　　イ　国会開設の勅諭　　ウ　民撰議院設立建白書

(3) 下線部cについて，①板垣退助と②大隈重信が結成した政党をそれぞれ何といいますか。

　　　　　　　　　　　　　①（　　　　　　　　）②（　　　　　　　　）

(4) 下線部dの騒動を何といいますか。　　　　　　　（　　　　　　　　）

2 右の資料を見て，次の問いに答えなさい。

(1)8×5点，他5点×4〔60点〕

(1) この憲法について，次の問いに答えなさい。

資料　大日本帝国憲法

> 第1条　大日本帝国ハ万世一系ノ天皇之ヲ統治ス
> 第29条　日本臣民ハ法律ノ範囲内ニ於テ言論著作印行集会及結社ノ自由ヲ有ス

よく出る
　① 憲法草案の作成を始め，初代内閣総理大臣となったのは誰ですか。　（　　　　　　　　）

　② 憲法に定められていることとして，次のA〜Cの下線部が正しければ○を，誤っていれば正しい語句を書きなさい。

　　A　主権は，国民にあるとされている。　　　　　　（　　　　　　　）

　　B　国民は，天皇の「皇民」とされた。　　　　　　（　　　　　　　）

　　C　国民の言論や結社などの自由は，法律の範囲内で認められた。（　　　　　　　）

　③ 1890年発布の「忠君愛国」の教育をうたったものは何ですか。（　　　　　　　）

(2) この憲法の下で設置された，帝国議会の二つの議院をそれぞれ何といいますか。

　　　　　　　　（　　　　　　　）（　　　　　　　）

よく出る
(3) 当時の選挙について，{　　}にあてはまる語句をそれぞれ選びなさい。

　　　　　　　　　　　　　　　　①（　　　　）・②（　　　　）

　●有権者は，直接国税を①{ア　15円　　イ　10円} 以上を納める25歳以上の
　　②{ア　男女　　イ　男性} に限られ，国民の約1.1％であった。

第5節 帝国主義と日本①

満点★ミッション

テストに出る！ ココが要点　解答 p.12

❶列強
資本主義が発達し，世界規模の影響力を持つ国々。

❷欧化政策
政府が条約改正のため，鹿鳴館で舞踏会を開くなどした政策。

❸陸奥宗光
1894年に条約改正を一部成功させた外務大臣(外相)。

❹甲午農民戦争
1894年に起きた朝鮮の農民らによる反乱。

❺日清戦争
1894年，朝鮮をめぐる対立から起きた清と日本の戦争。

❻下関条約
1895年に結ばれた日清戦争の講和条約。

❼台湾
下関条約で日本が清から獲得した東シナ海に面した島。

❽三国干渉
ロシアが，ドイツ・フランスと遼東半島の清への返還を日本に要求したこと。

❾立憲政友会
1900年に伊藤博文が結成した政党。

1 アジアの列強を目指して　教 p.190～p.191

▷ 19世紀後半以降，欧米諸国((❶　　　　　　　　))が海外へ進出→**帝国主義**をとり，植民地支配が拡大。

● ロシアとイギリスが東アジアでも対立。

▷ 条約改正のために，欧米人を**鹿鳴館**に招いて舞踏会を開くなどの(❷　　　　　　　)を行う。外交成果につながらず。

● **ノルマントン号事件**でイギリス人船長に有利な判決。
◇ **領事裁判権**の廃止を求める国民の声が強まる。

▷ 1894年，外相の(❸　　　　　　　)がイギリスとの交渉で領事裁判権廃止に成功。関税自主権の回復は実現せず。

▷ 朝鮮…1884年，日本にならった改革を進めようとする勢力が，清との関係を強めようとする勢力に敗れる(甲申事変)。

● 日本では「脱亜論」が生まれる。

2 朝鮮をめぐる対立　日清戦争　教 p.192～p.193

▷ 1894年，朝鮮で(❹　　　　　　　)が起こる。

● 清が援軍を送ると日本も対抗して出兵。その後，朝鮮に改革を要求して，清と対立。

▷ 1894年，(❺　　　　　　　)が起こる→日本の勝利。

● 1895年，(❻　　　　　　　)を結び，**遼東半島**や(❼　　　　　　　)・澎湖列島と，2億両の賠償金を得る。

● ロシア，ドイツ，フランスの(❽　　　　　　　)…遼東半島を清へ返還。

● 日本国内でロシアへの不満。

● 欧米諸国による清国内への進出が進む。

▷ 1900年に伊藤博文が(❾　　　　　　　)を結成。

▼東アジアの国際関係の風刺画

▼欧米諸国の清への進出

- - - 清が建設した鉄道
──── 日本が権利を得た鉄道
──── 列強が権利を得た鉄道
(予定線もふくむ)

南満州鉄道(1906年～日本)

ロシア
天津　奉天
北京　朝鮮
万里の長城　大連　漢城
旅順　威海衛
清　西安　咸海衛　釜山
南京　上海　日本
1910年 韓国併合

各国の勢力範囲
■ イギリス
■ フランス
■ ロシア
■ ドイツ
■ 日本

ハノイ
香港(1898年，イギリス租借地)
マカオ(フランス租借地)

0　500km

テストに出る！
予想問題　**第5節　帝国主義と日本①**

⏱ 30分

/100点

1 右の年表を見て，次の問いに答えなさい。　8点×5〔40点〕

(1) 　a　は，欧米人を舞踏会に招くなどした政策が入ります。この政策を何といいますか。（　　　　　　　）

年	責任者	交渉の状況
1872	岩倉具視	準備不足で失敗
1882～87	井上馨	a　への反発で中止
1894	b	c 条約改正に成功
1894～95	日　清　戦　争	

(2) (1)のなかで，欧米人を招いて舞踏会を開いた施設(建物)を何といいますか。（　　　　　　　）

よく出る (3) 　b　にあてはまる外務大臣は誰ですか。（　　　　　　　）

(4) 下線部 c の内容として，正しいものを次から選びなさい。（　　　）

ア　領事裁判権の廃止と関税自主権の完全回復が実現した。

イ　領事裁判権の廃止は実現したが，関税自主権は完全に回復しなかった。

ウ　領事裁判権の廃止は実現しなかったが，関税自主権は回復した。

エ　イギリスとの間では領事裁判権が廃止できたが，他の諸国とは実現しなかった。

(5) イギリスは，東アジアである国の南下を警戒していたことから，下線部 c に最初に応じました。ある国とはどこですか。（　　　　　　　）

2 次の文章を読んで，あとの問いに答えなさい。　10×6点〔60点〕

> 1894年，朝鮮半島で a 日本や欧米諸国を追い払い，政治改革を目指す農民たちの反乱が起きた。朝鮮は清に援軍を求めると，日本も軍を派遣して，清と日本の対立が高まり，日清戦争が始まった。翌年勝利した日本は b 日清講和条約を結び，清に朝鮮の独立を認めさせたほか，c 遼東半島・(　　　)・澎湖列島と2億両の賠償金を獲得した。

(1) 下線部 a の反乱を何といいますか。（　　　　　　　）

(2) 下線部 b は，条約が結ばれた場所から何といいますか。（　　　　　　　）

(3) 下線部 c について，日本はこれを返還するよう迫られて，補償金と引き換えに清に返還しました。このできごとを何といいますか。（　　　　　　　）

(4) (3)の要求をした国として誤っているものを，次から選びなさい。（　　　）

ア　イギリス　　イ　ロシア　　ウ　フランス　　エ　ドイツ

(5) 文中の(　　)に，あてはまる地名を書きなさい。（　　　　　　　）

(6) 日清戦争後，国内では政府と政党の提携が進みました。1900年に伊藤博文が結成した政党を何といいますか。（　　　　　　　）

第5節 帝国主義と日本②

満点★ミッション

❶義和団事件
1899年，義和団が蜂起し，翌年北京の外国公使館を取り囲んだ事件。

❷満州
中国の東北部。ロシアと日本が，その利権を争っていた。

❸日英同盟
1902年に結ばれた日本とイギリスの軍事同盟。

❹日露戦争
1904年に起きた日本とロシアの戦争。

❺ポーツマス条約
1905年に結ばれた日露戦争の講和条約。

❻小村寿太郎
関税自主権の完全回復に成功したときの外務大臣。

❼韓国併合
1910年に日本が韓国を併合し，植民地にしたこと。

❽三民主義
民族の独立，民主政の実現，国民生活の安定を目指すこと。

❾辛亥革命
1911年に清を倒して共和政を実現した革命。

❿中華民国
1912年に孫文が建国したアジア初の共和国。

テストに出る！ **ココが要点**　解答 p.12

1 世界が注目した日露戦争　教 p.194～p.195

▷ 清で外国勢力の追放を求める（**❶** 　　　　　）が起こる（1899～1900年）。→列強8か国が出兵して抑える。

● ロシアは（**❷** 　　　　　）へ大量の軍隊を送る。

● 当時，ロシアと対立していた**イギリス**と日本の利害が一致。
→1902年に（**❸** 　　　　　）を結ぶ。

▷ 1904年，（**❹** 　　　　　）が始まる。→日本が優勢。

● 戦争反対の声…**内村鑑三，幸徳秋水。与謝野晶子。**

● 日本は兵力・物資不足で，ロシアは革命運動で終戦に動く。

▼日清戦争と日露戦争の比較

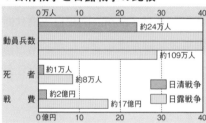

▼与謝野晶子の詩（抜粋）

あゝをとうとよ君を泣く
君死にたまふことなかれ
末に生れし君なれば
親のなさけはまさりしも
親は刃をにぎらせて
人を殺せとをしへしや
人を殺して死ねよとて
二十四までをそだてしや

▷ 1905年，（**❺** 　　　　　）締結…韓国での日本の優越権，長春・旅順間の鉄道利権，遼東半島の租借権，南樺太などを得る。賠償金は得られず→**日比谷焼き打ち事件**が起こる。

▷ 条約改正…1911年，（**❻** 　　　　　）外相が関税自主権の完全回復に成功→**条約改正**をすべて達成。

2 塗り替えられたアジアの地図　教 p.196～p.197

▷ 日本は**韓国**を保護国として支配（韓国統監…伊藤博文）。

● 韓国全土で抵抗運動。1909年に伊藤博文が暗殺される。

▷ （**❼** 　　　　　）…1910年，韓国を植民地化。軍人の朝鮮総督が統治。日本語の教育など，日本に同化させる政策。

▷ 満州…1906年，南満州鉄道**株式会社**（満鉄）の発足。

▷ 清の滅亡…**孫文**が（**❽** 　　　　　）を唱え，清の打倒を目指す。1911年に（**❾** 　　　　　）が起こる。

▷ 1912年，**南京**で（**❿** 　　　　　）の成立を宣言。のち，袁世凱が孫文に替わって大総統に就任。

予想問題　第5節　帝国主義と日本②

🕐 30分　/100点

1 右の年表を見て，次の問いに答えなさい。　　10点×6〔60点〕

年代	できごと
1894	日清戦争が始まる
1899	a 義和団事件が起こる
1902	b（　　　）同盟を結ぶ
1904	c 日露戦争が始まる
1911	d 条約改正を達成する

(1) 下線部 a について，誤っているものを次から選びなさい。　（　　）

ア　義和団は，外国勢力を追い払おうとして，北京の外国公使館を取り囲んだ。

イ　日本をのぞくロシアなど列強8か国が共同出兵し，抑えられた。

ウ　義和団事件後も，ロシアは満州に軍隊を置いた。

(2) 下線部 b は，ロシアとの対立が強まるなかで結ばれました。（　　）にあてはまる語句を書きなさい。　（　　　　　　　）同盟

(3) 下線部 c について，次の問いに答えなさい。
① 講和条約を何といいますか。　（　　　　　）
② ①で日本は，遼東半島の租借権を得ました。その位置を右の地図から選びなさい。　（　　）
③ 賠償金なしの講和条約に対して，東京で起きた民衆による暴動を何といいますか。　（　　　　　）

(4) 下線部 d について，関税自主権の完全回復に成功した外務大臣は誰ですか。　（　　　　　）

2 右の年表を見て，次の問いに答えなさい。　　10×4点〔40点〕

年代	できごと
1906	南満州鉄道株式会社の発足
1910	a 韓国併合
1911	中国で b 清が滅亡する
1912	c 中華民国の成立

(1) 下線部 a の後の朝鮮半島の様子として，誤っているものを次から選びなさい。　（　　）

ア　伊藤博文が韓国統監に就任した。

イ　朝鮮の学校では，日本語の授業が行われた。

ウ　首都漢城は京城に変えられ，朝鮮総督が置かれた。

エ　朝鮮総督府の土地調査の結果，土地を失う農民もいた。

(2) 下線部 b について，この革命を何といいますか。　（　　　　　　　）

(3) 下線部 c の臨時大総統になった人物は誰ですか。また，この人物が唱えた，民族の独立，民主政の実現，国民生活の安定を目指す思想を何といいますか。

人物（　　　　　　　）
思想（　　　　　　　）

第6節 アジアの強国の光と影

満点★ミッション

❶八幡製鉄所
日清戦争の賠償金を使って設立された官営の製鉄所。

❷財閥
血縁関係や資金などで結びついた企業集団。日本経済を支配。

❸小作人
地主の土地を借りて耕作し、地主に小作料(使用料)を納める農民。

❹大逆事件
1910年、天皇暗殺計画の容疑で無実の者も含め幸徳秋水らが処刑された。

❺田中正造
足尾銅山の鉱毒被害に対して、銅山の操業停止などを要求した。

❻黒田清輝
フランス印象派に学んだ洋画家。

❼夏目漱石
イギリスに留学し、明治から大正に活躍した小説家・評論家。

❽樋口一葉
明治時代に貧しい女性の生活などを描いた。

❾野口英世
黄熱病を研究した医師。

テストに出る！ ココが要点　　　　解答 p.12

1 近代日本を支えた糸と鉄　　教 p.198〜p.199

▷ 日本の産業革命…軽工業から重工業への2段階で進む。

● 軽工業…綿糸紡績業は、インド産の綿を原料に欧米製の機械で生産。製糸業は長野県の諏訪地方や群馬県などで生産。

◇ 生糸・綿糸を輸出して兵器を購入。

● 重工業…官営の（❶　　　　　　　）が中心→1901年に生産開始。中国の鉄鉱石、筑豊炭田の石炭で生産。

▼八幡製鉄所

▷ 三井・三菱・住友などの（❷　　　　　　　）が、金融・貿易・鉱山などの企業を経営し、産業経済界を支配。

2 変わる都市と農村　　教 p.202〜p.203

▷ 農村…（❸　　　　　　　）が増加。地主の一部が資本家に。

▷ 社会問題の発生…工場での厳しい労働条件。

● 1911年、工場法が制定されたが、内容は不十分。

● 社会主義運動→1901年、社会民主党の結成→政府の弾圧。

◇ 1910年、幸徳秋水らが（❹　　　　　　　）で処刑される。

●（❺　　　　　　　）…足尾銅山鉱毒事件で初の公害反対運動。

3 欧米の影響を受けた近代文化　　教 p.204〜p.207

▷ 欧米文化を積極的に受け入れる。後に、伝統文化を再評価。

▷ 伝統的な美術…フェノロサによって見直され、岡倉天心の協力のもとで狩野芳崖・横山大観らが日本画の発展に努めた。

▷ 西洋美術…絵画では（❻　　　　　　　）（『湖畔』）、高橋由一（『鮭』）らが、彫刻では高村光雲、荻原守衛らが活躍。

▷ 近代文学…二葉亭四迷が口語体で小説を書く。俳句では正岡子規が写生を説く。また、小説では（❼　　　　　　　）や森鷗外、女性の（❽　　　　　　　）らが、短歌では石川啄木らが活躍。

▷ 教育…日露戦争後、義務教育の就学率が100％近くに。帝国大学・専門学校の整備。私立大学の登場。女子教育も盛んに。

▷ 自然科学…医学では北里柴三郎、（❾　　　　　　　）、志賀潔らが、物理学では長岡半太郎が成果をあげる。

テストに出る！
予想問題

第6節 アジアの強国の光と影

⏱ 30分

/100点

1 次の文を読んで，あとの問いに答えなさい。　(4)12点，他8点×6〔60点〕

> 　a日本の産業革命は，1880年代に軽工業から始まった。重工業はこれについで，日露戦争のころに大きく進展した。民間企業は，政府が売り渡したb官営工場の引き受けで成長し，特に三井や三菱などは　A　とよばれた。
>
> 　一方，さまざまな社会問題も発生した。1911年，政府は労働時間制限などを定めた　B　を制定したが，制約が多く十分な内容ではなかった。社会主義運動も始まったが，政府は厳しく取り締まり，1910年には天皇暗殺を計画したという　C　事件では，無実の幸徳秋水らを含む12人を処刑した。また，公害問題も深刻となり，足尾銅山では，鉱山から出る鉱毒が人々に大きな被害をもたらした。この鉱毒被害に対し，　D　は初の公害反対運動を行った。

(1)　文中のA～Dにあてはまる語句を書きなさい。　A（　　　　）　B（　　　　）

C（　　　　）　D（　　　　）

(2)　下線部aについて，誤っているものを次から選びなさい。　（　　　）

　ア　大規模な紡績工場が造られ，インド産の綿を原料にした大量生産が行われた。

　イ　政府が軍需産業を重視したことから，鉄鋼業や造船業が発達した。

　ウ　製糸業では，富岡製糸場で国内製の設備を使用した大量生産が行われた。

　エ　交通・通信網も発達し，日露戦争後には主要な鉄道が国有化された。

よく出る (3)　下線部bについて，重工業発展の中心となった，北九州で鉄鋼の生産を行った官営工場を何といいますか。　（　　　　）

記述 (4)　(3)の建設の費用は，何によって得たものですか。簡単に説明しなさい。

（　　　　　　　　　　　　　　　　　　　　　　　　　　）

2 次の文の｛　｝にあてはまる語句をそれぞれ選びなさい。　10点×4〔40点〕

①（　　）②（　　）③（　　）④（　　）

①　『たけくらべ』で｛ア　樋口一葉　　イ　夏目漱石｝は貧しい女性の姿を描いた。

②　フランスに留学して印象派の影響を受けた｛ア　狩野芳崖　　イ　黒田清輝｝は，『湖畔』などの西洋画を描いた。

③　フェノロサに学んだ｛ア　岡倉天心　　イ　正岡子規｝は日本美術を海外に広めた。

④　医学の分野では｛ア　北里柴三郎　　イ　野口英世｝がペスト菌の発見で世界的な功績を残した。

第1節 第一次世界大戦と民族独立の動き

解答 p.13

テストに出る！ ココが要点

1 第一次世界大戦の始まりと総力戦　教 p.210〜p.211

▷ 19世紀末，ドイツは植民地拡大をめぐり，イギリスと対立。

● 三国同盟(ドイツ・オーストリア・イタリア)と三国協商(イギリス・フランス・ロシア)が対立。

● バルカン半島…「ヨーロッパの火薬庫」と呼ばれる。

▷ 1914年，サラエボ事件をきっかけに(❶　　　　　　　　　)が開戦。同盟国と連合国の戦い。イタリアは，翌年に連合国側で参戦。

▷ 民間人も戦争体制に協力する(❷　　　　　　　　)となる。

2 第一次世界大戦の拡大と日本　教 p.212〜p.213

▷ 日本…日英同盟を理由にドイツに宣戦布告して参戦。

● 1915年，中華民国に(❸　　　　　　　　)を提示。

→主要な要求を認めさせたが，中国で反日運動が本格化。

▷ ロシア…レーニンを指導者に(❹　　　　　　　　)が起きて皇帝が退位し，世界初の社会主義国家が成立。

● ソビエト政府は交戦国に無併合・無償金・民族自決を条件に停戦を呼びかけるが，受け入れられず単独でドイツと講和。

▷ シベリア出兵(1918年)…日本やアメリカなどが革命の広がりを抑えるためにシベリアに軍事干渉したが，失敗。

● 1922年，(❺　　　　　　　　　　)(ソ連)が成立。

3 第一次世界大戦後の欧米諸国　教 p.214〜p.215

▷ 第一次世界大戦終結…1918年，ドイツが降伏。翌年，パリで講和会議が開かれ，(❻　　　　　　　　)が結ばれる。

● ウィルソン大統領が国際平和機関の設立と民族自決を提唱。

● 1920年，国際連盟の設立。アメリカは議会の反対で不参加。

▷ ドイツ…社会権を定めたワイマール憲法に基づく共和国に。

4 アジアの民族自決と国際協調　教 p.216〜p.217

▷ 朝鮮…1919年，(❼　　　　　　　　)が起こる。

▷ 中国…1919年，(❽　　　　　　　　)が起こる。

▷ インド…ガンディーがイギリスからの独立を要求する非暴力・不服従の抵抗運動を指導する。

▷ (❾　　　　　　　　)…軍縮や中国の主権尊重などを話し合う。

満点★ミッション

❶第一次世界大戦
1914年，オーストリア皇太子夫妻がセルビアの青年に暗殺されたサラエボ事件から起きた戦争。

❷総力戦
全国民が戦時体制に協力する戦争。

❸二十一か条の要求
第一次世界大戦中に日本が利権拡張をねらって中国に対して行った要求。

❹ロシア革命
第一次世界大戦中にロシアで起こった社会主義革命。

❺ソビエト社会主義共和国連邦〔ソ連〕
1922年に成立し，共産主義を目指した。

❻ベルサイユ条約
1919年にドイツと連合国が結んだ第一次世界大戦の講和条約。

❼三・一独立運動
1919年，独立宣言から始まり朝鮮各地に広がった独立運動。

❽五・四運動
1919年，二十一か条の要求の取り消しを求める運動。

❾ワシントン会議
1921〜22年にアメリカの呼びかけで開かれた国際会議。

テストに出る！

予想問題　第1節 第一次世界大戦と民族独立の動き

⏱ 30分

/100点

1 右の年表を見て，次の問いに答えなさい。

(1)〜(4)8点×8，他6点×6〔100点〕

よく
出る (1)　aの第一次世界大戦のきっかけとなった
オーストリア皇太子夫妻の暗殺事件を何と
いいますか。　　（　　　　　　　　）

(2)　bについて，次の問いに答えなさい。

①　このとき，中華民国を率いていた人物
を，次から選びなさい。　（　　　）

ア　孫文　　　イ　袁世凱

ウ　毛沢東　　エ　蔣介石

②　bでは山東省にあるドイツの利権を譲
り渡すことを要求しました。山東省の位置を，右の地図から選
びなさい。　　　　　　　　　　　　（　　　）

年	できごと
1914	第一次世界大戦が起こる（〜1918）……a
1915	日本が二十一か条の要求を提出………b
1917	ロシア革命が起こる………………c
1919	パリで講和会議が開かれる…………d
	朝鮮で A が起こる
	中国で B が起こる
	ドイツで C 憲法が成立する
1920	アメリカの提案で国際会議が開催……e
1922	D （ソ連）の成立

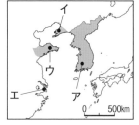

(3)　cについて，次の問いに答えなさい。

①　ロシア革命を指導した人物は誰ですか。

（　　　　　　　　）

②　1918年に日本やアメリカなどがロシア革命の広がりを抑える
ために行った軍事干渉を何といいますか。　　　　　（　　　　　　　　）

(4)　dについて，次の問いに答えなさい。

①　dで結ばれたベルサイユ条約について，誤っているものを次から選びなさい。（　　　）

ア　ドイツには，ばく大な賠償金の支払いが義務付けられた。

イ　ドイツに与えていた中国の山東省の利権は，中華民国に返された。

ウ　日本は，赤道以北の南洋群島の委任統治権を得た。

エ　オーストリア・ドイツ支配下の東ヨーロッパの諸民族は独立を認められた。

②　dで提案され，1920年に設立された国際紛争を平和的に解決するための組織を何とい
いますか。　　　　　　　　　　　　　　　　　　（　　　　　　　　）

③　②の組織の設立を提案したアメリカの大統領は誰ですか。　（　　　　　　　　）

(5)　年表中のA〜Dにあてはまる語句を書きなさい。　　A（　　　　　　　）

B（　　　　　　）　C（　　　　　　）　D（　　　　　　）

(6)　eの国際会議を何といいますか。　　　　　　　　　（　　　　　　　　）

よく
出る (7)　第一次世界大戦後のインドで非暴力・不服従の運動を指導した人物は誰ですか。

（　　　　　　　　）

第2節 高まるデモクラシーの意識

テストに出る！ **ココが要点**　解答 p.13

1 護憲運動と政党内閣の成立　教 p.220～p.221

▷ (**①**　　　　　)…憲法の精神に基づく政治を守り，民衆の考えを反映していこうとする運動。

● 1912年，立憲国民党の**犬養毅**や立憲政友会の**尾崎行雄**らの運動で**桂太郎**内閣が倒れる。

● **吉野作造**は(**②**　　　　　)を唱え，大日本帝国憲法の下での政党政治を主張。美濃部達吉は天皇機関説を唱える。

▷ 第一次世界大戦中に重工業が成長→輸出が増加し貿易黒字に。**大戦景気**で成金が増加するが，物価が急上昇した。

● **シベリア出兵**が決定すると，(**③**　　　　　)が発生。

▷ 1918年，立憲政友会の(**④**　　　　　)が初の本格的な**政党内閣**を組織。閣僚の大部分が立憲政友会の党員。

2 社会運動の高まりと普通選挙の実現　教 p.222～p.223

▷ 1925年，(**⑤**　　　　　)の実現…25歳以上のすべての**男性**に衆議院議員の選挙権→有権者の急増。政党内閣の実現。

● この時代の民主主義を求める風潮…**大正デモクラシー**。

● 一方，同年(1925年)，(**⑥**　　　　　)を制定。

▷ 女性による社会運動…1911年に(**⑦**　　　　　)が**青鞜社**を結成。その後，**市川房枝**らと女性の選挙権獲得を目指す。

▷ **労働争議**…**労働組合**を結成し，労働条件や待遇の改善を要求。労働者の全国組織である日本労働総同盟の結成。

● **小作争議**…小作料の引き下げを要求。日本農民組合の結成。

▷ 1922年，日本共産党の結成。同年，部落差別の解消を目指し，(**⑧**　　　　　)の結成。

3 近代都市に現れた大衆文化　教 p.225～p.227

▷ 都市の発展…給料をもらうサラリーマン，「職業婦人」の増加。

● **大衆文化**…新聞・雑誌の普及，円本や文庫本の発刊。**ラジオ放送**の開始，洋食の普及など。

▷ 文学…**芥川龍之介**，志賀直哉らが人気に。

▷ 民俗学…柳田国男が提唱。沖縄・アイヌ文化の見直しも。

▷ 1923年，(**⑨**　　　　　)→東京や横浜で大きな被害。

満点★ミッション

❶護憲運動
憲法に基づく政治を求めた運動。

❷民本主義
大日本帝国憲法の範囲内で民主政治を求めた思想。

❸米騒動
シベリア出兵で値上がりした米の安売りを要求して，米屋などを襲った事件。

❹原敬
1918年に内閣総理大臣に就任した立憲政友会の総裁。

❺男子普通選挙
1925年，納税額による制限を廃止した選挙制度。女性は除外。

❻治安維持法
1925年に成立した天皇制廃止の思想や社会主義運動を取り締まった法律。

❼平塚らいてう
女性に対する古い慣習や考え方を批判。

❽全国水平社
1922年，部落差別の解消を目指して結成された全国組織。

❾関東大震災
1923年，関東地方で発生した大地震。

テストに出る！
予想問題

第2節 高まるデモクラシーの意識

⏱ 30分

/100点

1 次の文を読んで，あとの問いに答えなさい。 8点×9〔72点〕

> 1912年，日本では憲法の精神に基づく政治を守ろうとする（ **A** ）が起こり，翌年，当時の藩閥内閣が倒された。吉野作造が唱えた，a主権にかかわらず民衆の考えに基づき，政治を行うことができるとする考えは，人々に広く受け入れられた。1918年，衆議院第一党の立憲政友会の（ **B** ）を首相とするb内閣が誕生した。1925年にはc選挙権を広く認める法律が制定される一方，社会主義運動を取り締まる（ **C** ）も制定された。

(1) 文中のA〜Cにあてはまる語句を書きなさい。

A（　　　　　　　） B（　　　　　　　） C（　　　　　　　）

(2) 下線部aの主張を何といいますか。 （　　　　　　　　　）

よく出る (3) 下線部bは，閣僚の大部分が立憲政友会の党員で構成されていました。このような内閣を何といいますか。 （　　　　　　　　　）

(4) 下線部cについて，次の問いに答えなさい。

① 1925年に成立した選挙法について，右の資料のX〜Zにあてはまる条件を，表にならって書きなさい。 X（　　　　　　　）

Y（　　　　　　　） Z（　　　　　　　）

資料 選挙権の変化

	1889年(明治22)	1900年(明治33)	1919年(大正8)	1925年(大正14)	1945年(昭和20)
選挙法成立年	1889年(明治22)	1900年(明治33)	1919年(大正8)	1925年(大正14)	1945年(昭和20)
選挙法実施年	1890年	1902年	1920年	1928年	1946年
資格　性別	男	男	男	X	男女
資格　年齢	25歳以上	25歳以上	25歳以上	Y	20歳以上
資格　税金	直接国税15円以上	直接国税10円以上	直接国税3円以上	Z	制限なし

② 1911年に青鞜社を結成し，その後，市川房枝らとともに女性の政治参加を求める運動を進めた人物は誰ですか。 （　　　　　　　　　）

2 次のA〜Cの文を読んで，あとの問いに答えなさい。 7点×4〔28点〕

> A 部落差別に苦しむ人々は，1922年，みずから問題を解決するための組織を設立した。
> B 1923年に起こった地震による被害は，人々に不安と混乱をもたらし，そのなかで中国や朝鮮の人々や社会主義者が殺害される事件が起こった。
> C 都市の発展によって生活様式にも変化が現れ，比較的裕福なサラリーマンなどは洋風の造りを取り入れた住宅に住み，休日にはデパートなどに出かける人も多くなった。

(1) A〜Cの下線部にあてはまる語句を書きなさい。

A（　　　　　　　） B（　　　　　　　） C（　　　　　　　）

(2) 各地の伝承などを記録し，民俗学を提唱した人物を次から選びなさい。 （　　　）

ア 芥川龍之介　　イ 柳田国男　　ウ 志賀直哉　　エ 小林多喜二

第3節 戦争に向かう世論

解答 p.14

テストに出る！ ココが要点

1 世界恐慌と行き詰まる日本　教 p.232〜p.233

▷ 1929年，アメリカで株価が大暴落→（ ❶　　　　　　　　　）へ。

▷ 日本…第一次世界大戦後は不景気→金融恐慌(1927年)。

● 1930年，世界恐慌の影響で昭和恐慌へ。

◇ 会社の倒産・失業者の増加。農村の深刻な不況と食糧不足。
→労働争議や小作争議が増加。

2 欧米諸国が選択した道　教 p.234〜p.235

▷ アメリカ…ローズベルト大統領による（ ❷　　　　　　　　）。

▷ イギリス…外国の商品を締め出す（ ❸　　　　　　　）を実施。

▷ ソ連…スターリンの下で「五か年計画」を実施し，工業国に。

▷ イタリア・ドイツ…（ ❹　　　　　　　　）が台頭。ムッソリーニのファシスト党，（ ❺　　　　　　　）のナチ党による民主主義を否定する独裁的な政治体制が成立。

3 強まる軍部と衰える政党　教 p.236〜p.237

▷ 1927年，中国国民党の蔣介石が南京に国民政府を作り，翌年に中国をほぼ統一。

▷ 1931年，日本軍(関東軍)が（ ❻　　　　　　　）を起こす→翌年，満州国を建国。国際連盟はリットン調査団を派遣したうえで，満州国を不承認→日本は国際連盟の脱退を通告(1933年)。

▷ 1932年，（ ❼　　　　　　　）で政党政治が途絶える。

▷ 1936年，（ ❽　　　　　　　）→軍部の影響力が強まる。

4 日中戦争と総力戦に向かう国民生活　教 p.238〜p.239

▷ 1936年に日独防共協定を結ぶ→1937年，盧溝橋事件をきっかけに日中戦争が始まる(〜1945年)→同年，南京事件。

▷ 抗日民族統一戦線…蔣介石が率いる中国国民党(国民政府)と（ ❾　　　　　　　）の率いる中国共産党が停戦する。協力して日本に対抗→戦争が長期化。

▷ 「挙国一致」体制…近衛文麿内閣が（ ❿　　　　　　　）を制定(1938年)。政党は（ ⓫　　　　　　　）に合流(1940年)。

▷ 国民生活の変化…情報統制。食料などの配給制。隣組の結成。

● 1941年に小学校は国民学校となり，軍国主義教育を強化。

満点★ミッション

❶ **世界恐慌**
1929年10月，ニューヨークから始まった世界的な不景気。

❷ **ニューディール政策**
アメリカの景気回復策。新規まき直し。

❸ **ブロック経済**
自国とその勢力圏を関税で囲い込む。フランスなども行った。

❹ **ファシズム**
民主主義を否定する独裁的な政治体制。

❺ **ヒトラー**
ファシズムを進めたナチ党の指導者。

❻ **満州事変**
1931年に満州で日本軍が起こした武力衝突。

❼ **五・一五事件**
1932年，海軍の青年将校らが犬養毅首相を殺害した事件。

❽ **二・二六事件**
1936年，陸軍の青年将校らによる反乱。

❾ **毛沢東**
中国共産党の指導者。

❿ **国家総動員法**
戦争のために物資や労働力などを統制した法律。

⓫ **大政翼賛会**
1940年，すべての政党が解散して合流した戦争協力の組織。

ココが要点の答えになります。

テストに出る！
予想問題　第3節 戦争に向かう世論

⏱30分　/100点

1 右の年表を見て、次の問いに答えなさい。

(1)9点×4、他8点×8〔100点〕

年	できごと
1929	世界恐慌が起こる……………………a
1931	日本軍が南満州鉄道を爆破する……b
1932	①　が建国される 五・一五事件が起こる……………c
1933	日本が ② の脱退を通告
1936	二・二六事件が起こる……………d
1937	日中戦争が始まる…………………e
1938	国家総動員法が成立する…………f
1940	政党が解散し ③ がつくられる

よく出る (1)　aについて、次の問いに答えなさい。

① 世界恐慌に対して、アメリカでは、ダム建設などの公共事業で経済の回復が図られました。この政策を何といいますか。また、この政策を行った大統領は誰ですか。

政策（　　　　　）
大統領（　　　　　）

② イギリスやフランスなどでは、関税をかけて外国の商品を締め出す政策が行われました。この政策を何といいますか。

（　　　　　）

③ ドイツやイタリアの独裁的な政治体制を何といいますか。（　　　　　）

(2)　年表中の①〜③にあてはまる語句を書きなさい。

①（　　　　　）②（　　　　　）③（　　　　　）

(3)　bについて、この爆破事件をきっかけに始まった、日本軍が満州全土を占領したできごとを何といいますか。（　　　　　）

(4)　c・dについて、事件の説明として正しいものを、それぞれ次から選びなさい。

c（　　）d（　　）

ア 陸軍部隊を率いた青年将校らが、軍部による政治を目的に大臣らを殺傷した。
イ 政党内閣を率いていた首相が、東京駅で短刀によって刺し殺された。
ウ 普通選挙によって当選した労働者を代表する議員が軍部に暗殺された。
エ 海軍の青年将校らが首相を殺害し、これによって政党内閣は途絶えてしまった。

(5)　eについて、この戦争が始まった場所を、次から選びなさい。（　　）

ア 柳条湖　イ 盧溝橋　ウ 南京　エ 旅順

(6)　fについて、この法律が成立したころの社会の様子として、正しいものを、次から選びなさい。（　　）

ア 米以外のすべての食料が配給制となった。
イ 隣組が組織され、日常生活を支えあうとともにお互いを監視した。
ウ 戦争の情報を公開するために、多くの新聞や雑誌が発行された。
エ 人々の協力を得るために、治安維持法による取り締まりが緩和された。

第4節 第二次世界大戦の惨禍

テストに出る！ ココが要点

解答 p.14

❶独ソ不可侵条約

1939年，ドイツと
ソ連が互いに領土を
侵さないことを定め
た条約。

❷日独伊三国同盟

1940年に結んだ日
本・ドイツ・イタリ
アの軍事同盟。

❸大西洋憲章

アメリカとイギリス
が発表した，民主主
義を守る考え。賛同
した国々は連合国。

❹日ソ中立条約

1941年，北方の安
全確保のために結ん
だソ連との条約。

❺皇民化政策

天皇の「皇国臣民」
とするために朝鮮や
台湾で行われた政策。

❻勤労動員

中学生や女学生など
を工場で働かせた。

❼学童疎開

空襲を避けるため，
小学生を地方に集団
で避難させた。

❽ポツダム宣言

1945年7月，日本
の無条件降伏を求め
た連合国の宣言。

❾原子爆弾（原爆）

核分裂反応によって
爆発する爆弾。広島
と長崎に投下された。

1 第二次世界大戦への道

教 p.244〜p.245

▶ ドイツ…1939年，ソ連と（❶ 　　　　　　　）を結び，ポーラ
ンドに侵攻→イギリス・フランスが宣戦布告。第二次世界大戦開始。

　◇1941年，ドイツがソ連に侵攻。

● ユダヤ人をアウシュビッツなどの収容所などで命を奪う。

▶ 日本は，1940年，（❷ 　　　　　　　）を結ぶ（枢軸国）。

● 1941年，（❸ 　　　　　　　）が発表される（連合国）。

● 1941年，ソ連と（❹ 　　　　　　　）を結び，東南アジアへ。

● アメリカの日本への輸出制限やABCD包囲網で対立が深まる。

2 太平洋戦争と植民地支配の変化

教 p.246〜p.247

▶ 1941年12月，日本軍がイギリス領のマレー半島に上陸，ハワイ
の真珠湾を攻撃→太平洋戦争（アジア・太平洋戦争）が始まる。

▶ 東南アジア…「大東亜共栄圏」を唱えて占領→抗日運動。

▶ 満州…日本から農民が移民（満蒙開拓団）→抗日運動。

▶ 朝鮮…日本語の強制，皇居への敬礼や教育勅語の奉読，神社参
拝の強制，創氏改名などの（❺ 　　　　　　　）を行う。

● 戦局が悪化→朝鮮，台湾での徴兵実施。

3 戦局の悪化と戦時下の暮らし

教 p.248〜p.249

▶ 1942年，ミッドウェー海戦で敗れる→日本の戦局悪化。

● アメリカ軍のサイパン島占領→日本本土空襲の基地となる。

▶ 中学生や女学生の（❻ 　　　　　　　）や大学生の学徒出陣。
都市の小学生の農村への（❼ 　　　　　　　）。

● 1945年3月，東京大空襲。アメリカ軍が沖縄に上陸（沖縄戦）。

▶ ヨーロッパ戦線…1943年イタリア降伏，1945年ドイツ降伏。

● 連合国側は1945年2月にヤルタ会談を行い，同年7月にはアメ
リカ・イギリス・中国の名前で（❽ 　　　　　　　）発表。

4 ポツダム宣言と日本の敗戦

教 p.252〜p.253

▶ ポツダム宣言を日本は黙殺→1945年8月6日に広島，9日に長
崎に（❾ 　　　　　　　）（原爆）を投下。

▶ 8月8日，ソ連が参戦。→14日，日本は降伏決定。→
15日，昭和天皇がラジオ放送で降伏を国民に知らせる（玉音放送）。

テストに出る！
予想問題

第4節　第二次世界大戦の惨禍

⏱ 30分

/100点

1 右の年表を見て，次の問いに答えなさい。

(6)(7)7点×4，他6点×12〔100点〕

よく出る (1) 日本と a の三国同盟を締結したヨーロッパの国を2つ書きなさい。

（　　　　　　）（　　　　　　）

(2) 年表中の A〜D にあてはまる語句を書きなさい。

A（　　　　　　）
B（　　　　　　）
C（　　　　　　）
D（　　　　　　）

年代	できごと
1939	ドイツがポーランドに侵攻する
1940	日本が三国同盟を結ぶ………………… a
1941	日本がソ連と A を結ぶ
1942	日本軍が B 海戦で敗れる
1944	日本本土への本格的な爆撃が始まる……b
1945	アメリカ軍が C に上陸する
	広島と長崎に原子爆弾が投下される……c
	日本が D を受諾し，降伏する

(3) b のころの日本国内の様子について，次の X〜Z にあてはまる説明を，あとから選びなさい。

X　勤労動員（　　）　　Y　学徒出陣（　　）　　Z　学童疎開（　　）

ア　空襲が激しくなると，都市の小学生は家族と離れて集団で農村へ避難した。

イ　労働力が不足したため，中学生や女学生が軍需工場で働いた。

ウ　徴兵の対象とされていなかった大学生も，兵士として戦場へ送られた。

(4) 連合国側は，1945年2月，ソ連の対日参戦と，その見返りに南樺太や千島列島をソ連領とする密約を結びました。これを何といいますか。　　　　（　　　　　　　）

よく出る (5) c について，右の写真のような被害をもたらした原子爆弾が，広島と長崎に投下された日にちをそれぞれ書きなさい。

広島（　　月　　日）　長崎（　　月　　日）

(6) 原子爆弾について，誤っているものを次から選びなさい。　　　　（　　　）

ア　原子爆弾は，日本に降伏の決断を迫ることを目的に投下された。

イ　原子爆弾によって，町の中心部は壊滅的になった。

ウ　終戦後も放射能の後遺症によって多くの人が亡くなった。

エ　日本と同じ枢軸国のドイツやイタリアも原子爆弾による被害を受けた。

(7) 年表のころの朝鮮半島での日本の政策について，次の文の（　　）にあてはまる語句を書きなさい。

①（　　　　　　）　②（　　　　　　）　③（　　　　　　）

●植民地の朝鮮では（ ① ）を国語として教えたり，日本式の氏名に変えさせる（ ② ）を行ったりするなどの（ ③ ）政策が行われた。

第6章 現代　現在に続く日本と世界

第1節 敗戦から立ち直る日本

満点ミッション

❶連合国軍総司令部
マッカーサーを最高司令官とする連合国軍の組織。略称GHQ。

❷中国残留日本人孤児
敗戦時に中国に取り残された日本人の子ども。

❸農地改革
戦後，政府が地主の土地を強制的に買い上げ，小作人に安く売った政策。

❹国民主権
国民が政治に関する最終決定権をもつ。

❺基本的人権の尊重
すべての人が生まれながらにもつ人権を尊重すること。

❻教育基本法
1947年，国民の教育権を保障するために定められた法律。

❼冷たい戦争（冷戦）
資本主義諸国と社会主義諸国との緊張。

❽中華人民共和国
1949年，毛沢東率いる中国共産党が建国した。社会主義国を目指す。

❾朝鮮戦争
ソ連・中国に支援された北朝鮮と韓国・国連軍などとの戦争。

❿自衛隊
警察予備隊の後身で，1954年に発足した。

テストに出る！ ココが要点

解答 p.15

1 敗戦からの出発　教 p.258〜p.259

▷ マッカーサーを最高司令官とする（❶　　　　　　　）（GHQ）が，軍国主義の排除，民主化のための改革を日本政府に指示。
- 軍隊の解散，戦争犯罪容疑者の逮捕，戦争に協力した指導者の公職追放→1946年から極東国際軍事裁判（東京裁判）。
- 昭和天皇の「人間宣言」。

▷ 闇市や農村への買い出しで食料を調達。失業者が増大。

▷ ソ連占領下にいた軍人らはシベリアへ連行（シベリア抑留），中国から帰国できなかった子どもは（❷　　　　　　　）に。

2 新時代に求められた憲法　教 p.260〜p.261

▷ 民主化政策…治安維持法の廃止。20歳以上の男女に普通選挙を認める。労働基準法などの労働三法の制定など。
- 経済の民主化…産業や経済を独占した財閥を解体＝財閥解体。
  ◇地主の農地を小作人に売り渡す＝（❸　　　　　　　）。
  →みずからの土地を耕作する自作農が大幅に増加。

▷ 日本国憲法…1946年11月3日公布，1947年5月3日施行。
- 三大原則…①主権は国民にある（❹　　　　　　　），②平和主義，③（❺　　　　　　　）を尊重する（個人の尊厳）。

▷ 教育…（❻　　　　　　　）を制定。教育勅語は失効。

3 冷たい戦争とその影響　教 p.262〜p.263

▷ 1945年，平和維持の国際組織として国際連合（国連）が発足。

▷ （❼　　　　　　　）（冷戦）…アメリカ中心の資本主義国とソ連中心の社会主義国の対立＝北大西洋条約機構（NATO）とワルシャワ条約機構の対立。東西ドイツの対立。
- 核兵器開発競争へ→日本では原水爆禁止運動が始まる。

▷ 中国…1949年，毛沢東の共産党が（❽　　　　　　　）建国。

▷ 朝鮮…1948年，南の大韓民国（韓国）と北の朝鮮民主主義人民共和国（北朝鮮）が成立。
- 1950年，（❾　　　　　　　）の開戦→1953年，休戦協定。
- 1950年，警察予備隊発足→後の（❿　　　　　　　）
- 日本はアメリカ軍の出撃基地となる。朝鮮特需で経済復興。

第1節 敗戦から立ち直る日本

⏱30分

/100点

1 戦後の改革について，右のカードを見て，次の問いに答えなさい。(4)完答10点, 他6点×9〔64点〕

(1) 右の改革を指令した連合国軍の機関を何といいますか。アルファベット3字で書きなさい。　（　　　　　）

(2) カードAの政策として農地改革が行われました。この改革を説明している，次の文の（　）にあてはまる語句をあとから選びなさい。　①（　　　）②（　　　）③（　　　）

●政府が，（①）から買い上げた土地を，（②）に安く売り渡した。その結果，（③）が大幅に増えた。

ア 小作人　イ 地主　ウ 資本家　エ 自作農

(3) カードBの政策として，正しいものを次から選びなさい。　（　　　）
ア 治安維持法廃止　イ 公職追放　ウ 極東国際軍事裁判　エ 財閥解体

(4) カードCについて，次の文の（　）にあてはまる数字と語句を書きなさい。　①（　　　　　）②（　　　　　）

●（①）歳以上の，（②）の普通選挙が認められた。

よく出る (5) カードDについて，右の□にあてはまる語句をそれぞれ書きなさい。　①（　　　　）②（　　　　）③（　　　　）

(6) カードEの基本的な考え方を定めた法律を何といいますか。　（　　　　　　）

A	農村の民主化
B	経済の民主化
C	選挙制度の改正
D	憲法の改正
E	教育の民主化

日本国憲法の三大原則
① 主権は□にある
② 二度と戦争を起こさない ＝（　　）
③ □を尊重する

2 次の文を読んで，あとの問いに答えなさい。　6点×6〔36点〕

第二次世界大戦後，世界は資本主義と，（ A ）の陣営に分かれて対立した。これを（ B ）という。ヨーロッパでは（ C ）が東西に，朝鮮半島も南北に分断された。a朝鮮戦争では，アメリカ軍など国連軍も参戦した。その後もb核戦争への緊張が続いた。

(1) 文中の（　）にあてはまる語句を書きなさい。
A（　　　　）B（　　　　）C（　　　　）

(2) 下線部aについて，次の問いに答えなさい。
① アメリカ軍などが支援した国の正式名称は何ですか。　（　　　　）
② 日本で作られた，後に自衛隊となる組織を何といいますか。　（　　　　）

(3) 下線部bについて，1954年，第五福竜丸が被曝したことをきっかけに，日本国内で起こった運動を何といいますか。　（　　　　）

第2節 世界の多極化と日本の成長

テストに出る！ **ココが要点**　解答 p.16

1 日本の独立と世界の動き　教 p.264〜p.265

▷ 1951年，吉田茂内閣がすべての国ではなく，アメリカを中心とする48か国と（**❶**　　　　　　　）を結ぶ→日本の独立回復。

● 同時に（**❷**　　　　　　　）を締結…アメリカ軍駐留を容認。

▷ 1956年，（**❸**　　　　　　　）に調印…ソ連と国交回復。北方領土問題は未解決→**国際連合**に加盟し，国際社会に復帰。

▷ （**❹**　　　　　　　）の始まり…1955年に保守勢力の**自由民主党（自民党）**と革新勢力の**日本社会党（社会党）**が成立。

▷ 1960年，日米安全保障条約改定を強行採決→**安保闘争**が拡大。

▷ **アジア・アフリカ会議**（1955年）で平和共存の訴え。

● 「アフリカの年」（1960年）…アフリカの国々が次々と独立。

2 冷戦下での日本とアジア　教 p.268〜p.269

▷ **ベトナム戦争**（1965〜1975年）…アメリカが介入→反戦運動拡大。アメリカが敗北。

▷ **沖縄の復帰**（1972年）…アメリカ軍の基地を残したまま日本へ返還。返還に伴い，**非核三原則**が改めて確認される。

▷ 韓国…1965年に（**❺**　　　　　　　）を締結→国交正常化。

● 中国…1972年に（**❻**　　　　　　　）を締結→国交正常化。

◇ 1978年の（**❼**　　　　　　　）締結により日中関係が深まる。

3 経済成長による日本の変化　教 p.270〜p.271

▷ （**❽**　　　　　　　）…1960年代を中心に経済が急成長。

● **東京オリンピック・パラリンピック**開催（1964年），**高速道路・東海道新幹線**の開通。

● 技術革新が進み，1968年には，日本の国民総生産（GNP）は，資本主義国のなかでアメリカ合衆国に次ぐ**第2位**に。

▷ **公害**…水俣病・新潟水俣病・四日市ぜんそく・イタイイタイ病。

● 1967年，（**❾**　　　　　　　）の制定。1971年，**環境庁**の設置。

▷ **石油危機**…1973年に中東で起こった戦争が原因の世界的な不況。日本の高度経済成長も終わる。

● 1975年に重要な国際問題を話し合う第1回**先進国首脳会議（サミット）**が開催され，日本はそのメンバーになる。

満点☆ミッション

❶サンフランシスコ平和条約
1951年，日本と48か国の連合国との間で結ばれた講和条約。

❷日米安全保障条約
1951年，アメリカ軍の日本駐留を認めた条約。1960年に改定。安保条約。

❸日ソ共同宣言
1956年，ソ連との国交を正常化した宣言。

❹55年体制
自民党を与党，社会党を主要野党とする政治体制。1993年まで続く。

❺日韓基本条約
1965年，韓国との国交を正常化した条約。

❻日中共同声明
1972年，中国との国交を正常化した声明。

❼日中平和友好条約
1978年，日中間の平和友好関係発展のために結ばれた条約。

❽高度経済成長
1955年〜1970年代初めにかけて進んだ日本経済の急成長。

❾公害対策基本法
公害防止・生活環境の維持を目的に制定された法律。

4 日本の社会と国際関係の変化　教 p.272～p.273

▶ 日本…石油危機をいち早く乗り切る。高い技術力によって自動車などの工業製品の輸出が増加。1988年，世界一の貿易黒字国に。

● アメリカ合衆国との間で(❿　　　　　　　)が深刻化。

● (⓫　　　　　　　)…「円高」を背景に，1980年代後半から地価や株価が短期間で異常に高くなり，実態以上の好景気になる。

● 経済大国となった日本の(⓬　　　　　　)(ODA)の供与額が急増→1990年代には10年連続で世界最大の援助国に。

▶ 日本国内の変化…政府の赤字が増えたため，小さな政府へ。

● 国鉄や電電公社の分割民営化→ＪＲやＮＴＴが誕生。

● 社会保障費の増大を背景に，1989年に税率３％の消費税が導入。

　◇東京一極集中と，地方との格差が現在まで続く課題。

▶ 新興工業経済地域(NIEs)…韓国や台湾でも経済が急成長。

5 大衆化・多様化する戦後の文化　教 p.275～p.277

▶ 戦後復興期…アメリカ文化流入。1949年，(⓭　　　　　)が日本人で初めてノーベル物理学賞を受賞。

▶ 高度経済成長期…物資が充実し，人々の生活様式は大きく変化。

● 「(⓮　　　　　)」とよばれた電気洗濯機・電気冷蔵庫・白黒テレビが普及→余暇を楽しむゆとりが生まれる。
　◇後に３Ｃ(カラーテレビ・クーラー・乗用車)が普及。

● 大都市の郊外には，大規模な団地が造られる。

● 多くの人々が「中流意識」を持つようになり，「文化の大衆化」が進む。

▶ (⓯　　　　　　)が発達し，大きな影響力を持つ。

● 映画…黒澤明など世界的な評価を受ける監督が出現。

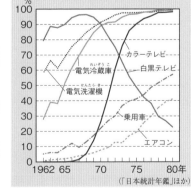

▼乗用車と家庭電化製品の普及

（グラフ：カラーテレビ，電気冷蔵庫，白黒テレビ，電気洗濯機，乗用車，エアコン　1962 65 70 75 80年）
（「日本統計年鑑」ほか）

● テレビ放送…1953年に始まり，ラジオや映画に替わる娯楽に。歌手の美空ひばり，野球の長嶋茂雄，相撲の大鵬が人気に。

● (⓰　　　　　)や大江健三郎がノーベル文学賞を受賞。

● 漫画…(⓱　　　　　)が日本の漫画・アニメーションの礎を築く。アニメ『鉄腕アトム』を制作。

満点★ミッション

❿ **貿易摩擦**
日本はアメリカとの貿易が大幅に黒字であったため，アメリカの反発を招いた。

⓫ **バブル経済**
モノを作るという実態を伴わずに泡(バブル)のように膨張した経済。

⓬ **政府開発援助(ODA)**
発展途上国の経済開発などを促進するための資金援助。

⓭ **湯川秀樹**
中間子理論が世界的に評価され，1949年にノーベル物理学賞を受賞。

⓮ **三種の神器**
1955～64年ごろに普及した電気洗濯機・電気冷蔵庫・白黒テレビのこと。

⓯ **マスメディア**
大量の情報を一度に送ることができる情報の伝達手段のこと。映画・テレビ・インターネットなど。

⓰ **川端康成**
小説『伊豆の踊子』『雪国』を発表し，1968年にノーベル文学賞を受賞した。

⓱ **手塚治虫**
現代漫画の生みの親であり，アニメーション制作も行った。

テストに出る！

予想問題　**第2節　世界の多極化と日本の成長**

⏱ 30分

/100点

1 右の年表を見て，次の問いに答えなさい。　　　　(1)5点×2，他6点×8〔58点〕

(1) aについて，次の問いに答えなさい。

① この条約を何といいますか。

（　　　　　　　　　　）

② ①と同時に日本とアメリカが結んだ条約を何といいますか。

（　　　　　　　　　　）

年	できごと
1951	日本が講和条約を結ぶ……………………a
1955	自由民主党と日本社会党が成立………b
1956	日ソ共同宣言……………………………c
1965	A が始まる（〜1975年）
	日本と韓国が B を結ぶ
1972	C をアメリカが日本に返還…………e
	日本と中国の間で D を結ぶ
1975	第1回 E （サミット）が開催される

(2) bによって成立した政治体制を何といいますか。　　（　　　　　　　　　）

(3) cによって日本の加盟が実現した国際組織を何といいますか。　（　　　　　　　　　）

(4) 年表中のA〜Eにあてはまる語句を書きなさい。

A（　　　　　　）　　B（　　　　　　）　　C（　　　　　　）

D（　　　　　　）　　E（　　　　　　）

(5) eについて，この時に改めて確認された「核兵器を持たず，作らず，持ち込まさず」という原則を何といいますか。　　（　　　　　　　　　）

2 次の文を読んで，あとの問いに答えなさい。　　　　6×7点〔42点〕

> 1950年代後半から（ ① ）の時代を迎えた日本で，a国民生活は大きく変化した。1964年の（ ② ）に合わせて東海道新幹線が開通した。一方，各地でb公害問題が発生した。1973年の（ ③ ）の後も日本は発展を続け，1980年代後半から（ ④ ）経済という好景気になった。一方，アメリカ合衆国などとの間に（ ⑤ ）の問題が深刻化した。

(1) 文中の①〜⑤にあてはまる語句を書きなさい。

①（　　　　　　）　②（　　　　　　）　③（　　　　　　）

④（　　　　　　）　⑤（　　　　　　）

(2) 下線部aについて，誤っているものを次から選びなさい。　（　　　）

ア 電気洗濯機・電気冷蔵庫・白黒テレビが「三種の神器」とよばれ，普及していった。

イ マスメディアが発達し，手塚治虫が長編テレビアニメ『鉄腕アトム』を制作した。

ウ 多くの人々が「中流意識」を持つようになり，「文化の大衆化」が進んだ。

エ 急増する人口に対応するため，都市の郊外に文化住宅が造られた。

(3) 下線部bについて，熊本・鹿児島県で発生した有機水銀による公害病を何といいますか。

（　　　　　　　　　）

第3節 これからの日本と世界

1 グローバル化が進む世界　教 p.278〜p.279

▶ 冷戦の終結…1989年，「ベルリンの壁」崩壊。同年，アメリカとソ連が（❶　　　　　　　　　）で冷戦の終結を宣言。

● 1991年，ソ連はロシアなど各共和国の独立により解体。

▶ 冷戦後，国境を越えた世界の結び付き（グローバル化）が進む。ヨーロッパでは1993年に（❷　　　　　　　　　）（EU）が発足。

▶ 地域紛争の激化…ユーゴスラビア内戦，1990年のイラク軍のクウェート侵攻をきっかけに，翌年（❸　　　　　　　　　）が起こる。

● この後，（❹　　　　　　　　　）（PKO）に自衛隊の派遣を開始。

▶ 2001年9月11日，アメリカでハイジャックされた飛行機が世界貿易センタービルなどに突入…（❺　　　　　　　　　）。

● 同年（2001年）にアメリカ軍などがアフガニスタンを攻撃。

● 2003年には（❻　　　　　　　　　）が起こる。

2 激変する日本とアジア　教 p.280〜p.281

▶ 「55年体制」の終わり…1993年に自民党と共産党を除いた連立政権により，細川護熙内閣が成立。

● その後，自民党を中心とする連立政権が成立。

● 2009年，民主党が衆議院の第一党となり，政権交代が実現。

● 2012年，再び自民党を中心とする政権となる。

▶ （❼　　　　　　　　　）…1990年代に崩壊し，企業の倒産が続出する長い不況へ（失われた20年）。

▶ 中国や韓国，台湾で経済の急成長が進む。一方，韓国・北朝鮮の分断状態。北朝鮮による拉致問題などが未解決。

3 国際社会におけるこれからの日本　教 p.282〜p.283

▶ 日本の役割…政府開発援助（ODA）への出資を通じた支援。（❽　　　　　　　　　）（NGO）とよばれる民間団体による援助。

▶ 1980年代以降，情報通信技術（ICT）の発展によりグローバル化が進む。近年，人工知能（AI）が急速に発達。

▶ 地球温暖化への危機感→「持続可能な社会」の実現へ。

▶ 2011年の（❾　　　　　　　　　）…福島県の原発事故をきっかけに原子力発電に代わって，再生可能エネルギーへの注目が高まる。

❶マルタ会談
マルタで行われたソ連のゴルバチョフ書記長とアメリカのブッシュ大統領との会談。

❷ヨーロッパ連合（EU）
ヨーロッパ諸国の経済的・政治的連合組織。統一貨幣ユーロを発行。

❸湾岸戦争
1991年，アメリカなどの多国籍軍がイラクを攻撃した戦争。

❹国連平和維持活動
PKO。紛争解決を目指して派遣。

❺同時多発テロ
2001年9月，アメリカで起きたテロ事件。

❻イラク戦争
2003年，アメリカ軍などがイラクを攻撃した戦争。

❼バブル経済
実態を伴わず，泡（バブル）のように膨張した経済。

❽非政府組織（NGO）
国の枠組みにとらわれずさまざまな支援活動を行う民間団体。

❾東日本大震災
2011年3月11日に起きた日本の観測史上最大の地震とその津波被害。

テストに出る！

予想問題　第3節　これからの日本と世界

⏱30分

/100点

1 右の年表を見て，次の問いに答えなさい。

(1)〜(5)8点×9，(6)(7)7点×4

(1) aについて，アメリカとソ連の首脳が冷戦の終結を宣言した会談を何といいますか。

（　　　　　　）

(2) bについて，（　　）にあてはまる語句を書きなさい。　（　　　　　　）

●1990年代の日本では，（　　）の崩壊というもう一つの終わりがあり，失われた20年と呼ばれる長い不況の時期が続いた。

年	できごと
1989	冷戦が終結する……………………a
1991	中東地域で A が起こる
1993	「55年体制」の終わり……………b
	B (EU)の発足………………………c
2001	アメリカで同時多発テロが起こる……d
2003	中東地域で C が起こる
2009	D が起こり，民主党政権が成立する
2011	東日本大震災………………………e
2012	再び D が起こり，自公連立政権成立

(3) cについて，EUが導入した右の統一貨幣を何といいますか。（　　　　　　）

(4) 年表中のA〜Dにあてはまる語句を書きなさい。

A（　　　　　　）　　B（　　　　　　）

C（　　　　　　）　　D（　　　　　　）

(5) dについて，次の問いに答えなさい。

① テロ攻撃を受けた世界貿易センタービルがあるアメリカの都市を，次から選びなさい。　（　　）

ア　ワシントン　　　　　イ　ニューヨーク

ウ　サンフランシスコ　　エ　ポーツマス

② この後，アメリカが，テロの首謀者をかくまっているとして攻撃した国はどこですか。

（　　　　　　　　）

(6) eについて，東日本大震災のときに起こった事故により，地球温暖化対策として注目されてきた発電のあり方が見直しを迫られました。この発電の方法を何といいますか。

（　　　　　　　　）

(7) これからの日本と世界について，次の各文の（　　）にあてはまる語句を書きなさい。

①（　　　　　　）　②（　　　　　　）　③（　　　　　　）

① これまで日本は，政府開発援助(ODA)などの国による支援だけでなく，（　　）(NGO)と呼ばれる民間団体も難民や災害を受けた人々へ援助を行ってきた。

② 1980年代以降，情報通信技術(ICT)の発展により，世界の距離を縮め，政治・経済・文化の（　　）が急速に進展している。

③ 近年，技術革新による（　　）(AI)が急速に発達している。

ちょっとひといき　1冊最後までやりきってえらい！ おめでとう！

中間・期末の攻略本

取りはずして
使えます!

解答と解説

帝国書院版　　社会歴史

第1部　歴史のとらえ方と調べ方
第2部　歴史の大きな流れと時代の移り変わり

第1章　古代国家の成立と東アジア

p.2～p.3　ココが要点

❶西暦
❷近世
❸猿人
❹原人
❺打製石器
❻新人
❼磨製石器
❽メソポタミア文明
❾エジプト文明
❿インダス文明
⓫殷
⓬甲骨文字
⓭孔子
⓮始皇帝
⓯万里の長城
⓰漢
⓱シルクロード
⓲ポリス
⓳シャカ
⓴イエス
㉑ムハンマド

p.4～p.5　予想問題

1 (1)イ
　(2)①1501年～1600年まで
　　②8世紀
2 ①イ　　②ア　　③ア　　④イ
3 (1)ナイル川　　(2)神聖文字
　(3)メソポタミア文明
　(4)ウ　　(5)ポリス
4 (1)①黄河　　②儒教
　　③秦　　④万里の長城
　(2)ウ　　(3)ウ
　(4)シルクロード
5 (1)宗教　ウ　　人物　シャカ
　(2)宗教　ア　　人物　ムハンマド
　(3)宗教　イ　　人物　イエス

解説

1 (1)西暦は，キリストが生まれたとされる年を

基準として作られた。
(2)世紀は，1年から100年までが区切り。現在の21世紀も2001年から2100年までで，2000年からではない。

2 人類は猿人→原人→新人と進化していった。
①・②原人は打製石器を，新人は磨製石器や土器を使うようになった。

3 (1)～(4)ナイル川流域でエジプト文明が，ティグリス川・ユーフラテス川流域でメソポタミア文明が，インダス川流域でインダス文明が，黄河・長江流域で中国文明が始まった。
(5)Xはギリシャ。ポリスの一部では民主政治が行われた。

4 (1)中国文明の始まり→殷(商)→周→春秋戦国時代→秦→漢の流れが大切。
(3)アはモヘンジョ＝ダロ遺跡(インダス文明)，イはウルのジッグラト(メソポタミア文明)，ウは兵馬俑坑(中国の秦時代の遺跡)，エはピラミッド(エジプト文明の遺跡)。
(4)中国産の絹(シルク)が運ばれたために，シルクロード(絹の道)とよばれるようになった。

5 紀元前6世紀ごろにシャカが仏教を開き，紀元前後ごろにイエスがキリスト教を，7世紀にムハンマドがイスラム教を開いた。

もひとつプラス

古代文明	文字
メソポタミア文明	くさび形文字
エジプト文明	神聖文字(象形文字)
インダス文明	インダス文字〔未解読〕
中国文明	甲骨文字

ミス注意! 儒教と仏教を間違えないようにしよう。中国で孔子が説いた教えが儒教。インドのシャカが身分制度を批判して開いたのが仏教。

p.6　ココが要点

❶縄文土器　　❷たて穴住居
❸貝塚　　　　❹青銅器
❺高床倉庫　　❻卑弥呼
❼前方後円墳　❽高句麗
❾百済　　　　❿大王
⓫渡来人

p.7　予想問題

1　(1)①A　②B　③B　④A
　(2)①土偶　②銅鐸
　(3)①A　②B　③B
2　(1)①倭　②漢
　(2)①邪馬台国　②卑弥呼
　(3)①埴輪　②前方後円墳
　　　③ヤマト王権

解説

1　(1)(2)①縄文時代に祈りやまじないに使われた土偶。②弥生時代の祭りなどに使われた銅鐸。なお，③は弥生土器。④は縄文土器である。
　(3)①主に狩りや採集を行っていたのは縄文時代。②・③稲作が始まっているので弥生時代。高床倉庫は稲などの保存のために造られた。
2　(1)Aは金印である。「漢委奴国王」と彫られ，漢の皇帝から倭の奴国の王に贈られた。金印に「委」とあるのは「倭」のこと。
　(2)Bは「魏志」倭人伝の一部。弥生時代の3世紀の日本について書かれた中国の歴史書である。
　(3)古墳は王や豪族などの墓として，3世紀末から6世紀まで各地に盛んに造られた。そのうち，前方が四角形，後方が円形の古墳を前方後円墳という。

練習しよう「卑弥呼」を攻略！！

卑弥呼

p.8　ココが要点

❶隋　　　　　❷冠位十二階
❸遣隋使　　　❹法隆寺
❺唐　　　　　❻大化の改新
❼中大兄皇子　❽白村江の戦い
❾壬申の乱　　❿遣唐使
⓫大宝律令

p.9　予想問題

1　(1)①a仏教　b役人
　　②冠位十二階
　(2)①遣隋使　②小野妹子
　(3)法隆寺
2　(1)A蘇我　B白村江
　(2)大化の改新
　(3)①天智天皇　②天武天皇
　(4)大宝律令
　(5)国司

解説

1　(1)①資料1の十七条の憲法では，役人は第1に大王(天皇)の命令に従うこと，第2に儒教や仏教の教えを守ること，などが定められている。
　②役人を家柄にとらわれずに，位につけたのが冠位十二階の制度。
　(2)資料2の「日出づる処の天子」とは大王(天皇)のことであり，「日没するところの天子」とは中国の皇帝のこと。
　(3)法隆寺は，聖徳太子が建てたとされ，一部の建物は現存する世界最古の木造建築として知られている。
2　大化の改新→白村江の戦い→壬申の乱などを経て，大宝律令の制定により中央集権のしくみが整備された。
　(3)推古天皇は，年表より前の時代，聖徳太子が摂政を務めたときの天皇。
　(5)中央から地方に派遣されたのは国司である。郡司に任命された地方豪族を監督した。

練習しよう「隋」を攻略！

隋

ミス注意！冠位十二階は，冠の色で役人の位を示した。「冠」を，「寇」と間違えないようにしよう。

p.10　ココが要点

❶平城京　　　❷口分田
❸調　　　　　❹墾田永年私財法
❺荘園　　　　❻天平文化
❼聖武天皇　　❽行基
❾日本書紀　　❿風土記
⓫万葉集

2

1. (1)班田収授法
　(2)①租　②調
　(3)防人
　(4)①墾田永年私財法
　　　②ウ

2. (1)ウ
　(2)唐招提寺
　(3)天平文化
　(4)①正倉院
　　　②〈例〉シルクロードを通じて中国に伝わり，遣唐使によって日本に伝わった。

解説

1. (1)人々(公民)に土地(公民)を与える制度で，6歳以上の男女に土地が与えられた。
　(4)①班田収授を行うためには，十分な口分田がなければできない。ところが，人口の増加や洪水などで口分田が不足したため，墾田永年私財法が出された。②ウこの私有地は，荘園とよばれた。

2. (1)聖武天皇のころには，伝染病が流行したり，飢きんが続いたりしたため，東大寺や国分寺，国分尼寺などを建てて仏教の力で国を守り，不安を取り除こうとした。
　(4)①正倉院には，聖武天皇のころに唐のほかシルクロードを通じてインドや西アジアからもたらされたものやその文化の影響を受けたものが納められている。

練習しよう 墾田永年私財法の「墾」を攻略！

墾　墾

ミス注意！ 『古事記』の「記」と『日本書紀』の「紀」を間違えないように注意しよう。地理的な情報が書かれている『風土記』も「記」と書く。

❶桓武天皇
❷征夷大将軍
❸摂関政治
❹藤原道長
❺高麗
❻国風文化
❼寝殿造
❽源氏物語
❾最澄
❿空海
⓫浄土信仰

1. (1)桓武天皇
　(2)征夷大将軍
　(3)荘園
　(4)①摂関政治　②エ
　　　③藤原道長
　(5)X：宋
　　　朝鮮：高麗

2. (1)①国風文化　②菅原道真
　(2)①紫式部　②寝殿造

解説

1. (1)(2)8世紀末に桓武天皇は，平城京で強まった寺院の勢力を嫌い，まず長岡京を，その次に平安京を整備して，政治の立て直しを図った。また東北地方の支配にも力を入れ，蝦夷の勢力を攻撃した。
　(4)②エ11世紀前半に藤原道長，藤原頼通による摂関政治が栄えたが，政治は法律や習わしが整えられてたこともあり，形式に流れていった。ア地方の政治を任せられた国司の中には，不正を行う者もいた。イ逃亡する農民が増え，班田収授の実施は困難になった。ウ国司は独自の法律を作っていない。

2. 国風文化は，唐風の文化を基礎にしつつも日本の貴族の生活や好みに合わせた独自の文化である。その特色として，かな文字を使った女性による文学や寝殿造などがあげられる。

もひとつプラス　新しい仏教

僧侶	宗派	開いた寺院
最澄	天台宗	比叡山延暦寺
空海	真言宗	高野山金剛峯寺

練習しよう 「蝦夷」を攻略！

蝦　夷

練習しよう 高麗の「麗」を攻略！

麗　麗

ミス注意！ 藤原頼通，菅原道真などは，漢字と読みが結び付きにくいので注意しよう。「頼道」・「管原」などと間違えることが多い。

第2章　武家政権の成長と東アジア

p.14 ココが要点

❶武士団　　　　　❷平将門
❸奥州藤原氏　　　❹院政
❺保元の乱　　　　❻平治の乱
❼源頼朝　　　　　❽平清盛
❾日宋貿易

p.15 予想問題

1 (1)エ　(2)ア
(3)平将門　(4)奥州藤原氏
2 (1)院政　(2)平治の乱
(3)①ア　②ア・エ
(4)エ

解説

1 (1)武士団には，親戚だけではなく，一族以外の武士や下層の従者もいる。
(2)源氏や平氏は，それぞれ清和天皇や桓武天皇を祖先にもつ武士団である。
(4)資料は平泉(岩手県)の中尊寺金色堂。奥州藤原氏は平泉を拠点に大きな勢力を持っていた。
2 (1)上皇が行った政治。上皇が住んだ場所を院とよんだので，院政とよばれる。
(2)保元の乱は，平氏の棟梁の平清盛と源氏の棟梁の源義朝の働きで後白河天皇が兄の上皇に勝利した戦乱。平治の乱は，兵を挙げた源義朝を平清盛が倒した戦乱。
(3)①イ実権を握った平清盛は藤原氏の摂関政治と似た方法をとった。②平清盛は大輪田泊(現在の兵庫県神戸市)を修築し宋との貿易を進めた。イウオ主に日本から輸出したものである。
🔺ミス注意! 10世紀に反乱を起こした平将門と12世紀に武士として初めて政権を握った平清盛を取り違えないように気をつけよう。

p.16 ココが要点

❶守護　　　　　❷地頭
❸執権　　　　　❹承久の乱
❺御成敗式目〔貞永式目〕
❻金剛力士像　　❼平家物語
❽新古今和歌集　❾浄土宗
❿浄土真宗　　　⓫一遍

p.17 予想問題

1 (1)①A御恩　B奉公　②守護
③執権
④機関：c　戦い：承久の乱
(2)御成敗式目〔貞永式目〕
2 (1)①踊り念仏，イ　②禅宗〔臨済宗〕，ア
(2)①平家物語　②琵琶法師
(3)徒然草

解説

1 (1)①将軍が御家人に与えるのが御恩。御家人が将軍に行うのが奉公。②国ごとに置かれるのが守護。荘園や公領ごとに置かれるのが地頭。④承久の乱の後，幕府の支配が西国に及ぶようになる。
(2)御成敗式目は，初めての武士独自の法で，それまでの武士の慣習をまとめたもの。後の時代に大きな影響を与えることになった。
2 (1)①は一遍が開いた時宗を，②は栄西や道元が開いた禅宗を説明している。鎌倉時代に登場した新しい仏教を整理して理解する。
(2)平家物語は，琵琶を演奏しながら語った琵琶法師によって広められた。

➕もひとつプラス　新しい仏教

僧侶	開いた宗派		主な特徴
法然	浄土宗		念仏（南無阿弥陀仏）信仰が中心
親鸞	浄土真宗（一向宗）		
一遍	時宗		踊り念仏
日蓮	日蓮宗		題目（南無妙法蓮華経）を唱えることを説く
栄西	臨済宗	禅宗	座禅によって悟りを得る
道元	曹洞宗		

練習しよう 琵琶法師の「琵琶」を攻略！

琵琶

練習しよう 「親鸞」を攻略！

親鸞

🔺ミス注意! 保元の乱と平治の乱を取り違えないようにしよう。平清盛と源義朝は，保元の乱では味方同士であったが，平治の乱では敵対した。

❶フビライ=ハン　❷北条時宗
❸徳政令　❹後醍醐天皇
❺足利尊氏　❻建武の新政
❼南北朝時代　❽守護大名
❾足利義満　❿管領
⓫倭寇　⓬明
⓭勘合貿易　⓮朝鮮
⓯琉球王国　⓰中継貿易
⓱アイヌ　⓲コシャマイン

p.20～p.21　予想問題

1 (1)蒙古襲来〔元寇〕
(2)フビライ=ハン
(3)エ　(4)ウ
2 (1)後醍醐天皇　(2)悪党
(3)建武の新政　(4)南朝
(5)足利尊氏　(6)管領
3 (1)倭寇　(2)イ
(3)①勘合貿易　②足利義満　③ア・ウ
④〈例〉倭寇ではなく正式な貿易船であることを証明するため。
4 (1)A首里　B十三湊　Cコシャマイン
(2)ウ・オ

解説

1 (3)アイ北条政子は源頼朝の妻，北条時政はその父。ウ北条泰時は御成敗式目を制定した執権。
(4)資料の中央あたりで破裂しているものが元軍が使った火器。ア高麗は元に征服され，元軍とともに戦争に駆り出された。イ暴風雨で打撃を受けたのは船で来襲した元軍。エこの戦いのあとに防塁が造られたのは博多湾岸。
2 (2)後醍醐天皇に味方した楠木正成は悪党。
(3)建武の新政は，武士や農民だけでなく公家からの批判も浴びた。
(4)吉野(奈良県)は南朝。京都は北朝。
3 (1)Aの時期(14～15世紀)の前期倭寇は日本人が，Bの時期(16世紀)の後期倭寇は中国人が中心であった。
(2)朝鮮は，高麗を倒して建国された。
(3)資料2の合い札は勘合。勘合を持った船が倭寇ではなく正式な朝貢船だと証明した。
4 (1)A首里を都にした琉球王国は，那覇を貿易

港として東アジアの中継貿易で栄えた。C14世紀ごろ，蝦夷地のアイヌの人々と和人(本州の人々)との交易が津軽半島の十三湊で盛んに行われた。蝦夷地の南部に進出した和人に圧迫されたアイヌの人々は，コシャマインを指導者として立ち上がり，和人と衝突した。

もひとつプラス　日明貿易のおもな交易品

日本→明	銅，硫黄，刀剣，扇など
明→日本	生糸，絹織物，書画などの美術品，陶磁器，大量の銅銭

練習しよう「蒙古襲来」を攻略！

蒙古襲来

練習しよう 後醍醐天皇の「醍醐」を攻略！

醍醐

ミス注意！ 鎌倉幕府の将軍補佐役は執権，室町幕府の将軍補佐役は管領。

❶二毛作　❷馬借
❸車借　❹問
❺土倉　❻一揆
❼土一揆　❽国一揆
❾一向一揆　❿惣
⓫座　⓬応仁の乱
⓭下剋上　⓮城下町
⓯分国法　⓰北山文化
⓱狂言　⓲東山文化
⓳書院造　⓴雪舟
㉑連歌　㉒お伽草子

p.24～p.25　予想問題

1 (1)①二毛作　②馬借　③定期市
④座　⑤土倉
(2)自治組織：惣〔惣村〕
話し合いの場：寄合
(3)町衆
2 (1)①土一揆
②(徳政令による)借金の帳消し
(2)国一揆
(3)①一向宗(浄土真宗)　②ア

③ (1)足利義政　(2)応仁の乱
(3)〈例〉下の身分の者が，上の身分の者を実力で倒して，権力を握ること。
(4)①分国法　②ウ

④ (1)足利義満　②北山文化
(3)能　(4)書院造
(5)①雪舟　②水墨画

解説

① (1)②馬に荷を乗せて運ぶのが馬借，車に荷を乗せて牛などに引かせるのが車借。⑤土倉は，蔵(倉)を持ち高利貸し(金融業)を行った。
(3)都市でも，有力な商工業者が寄合を開いて自治を行っていた。京都は応仁の乱で荒れ果てていたが，町衆が祇園祭を復活させた。

② (1)歴史上初めての土一揆が正長の土一揆。
(2)山城国(京都府)の南部の国人や農民らによって結成され，8年間にわたり自治を行った。
(3)一向宗(浄土真宗)の信者らによって加賀の一向一揆などが起こった。

③ (4)戦国大名は，独自の分国法を定め，耕地の開発や鉱山の開発，城下町の繁栄を促した。さらに，天皇や公家・寺社の荘園に対しても支配を及ぼすようになる。

④ (1)(2)資料1は金閣。資料2の東求堂と同じ敷地にある銀閣の下層(一階)は書院造で造られている。金閣を建てた足利義満のころの文化を北山文化，銀閣を建てた足利義政のころの文化を東山文化という。いずれも京都の地名にちなむ。
(5)禅宗の僧侶でもある雪舟は，中国に留学して水墨画の技術を学んだ上で，日本独自の画風を確立した。

練習しよう 下剋上の「剋」を攻略！

剋	剋						

第3章　武家政権の展開と世界の動き

p.26　ココが要点
❶十字軍　❷ルネサンス
❸宗教改革　❹コロンブス
❺バスコ=ダ=ガマ　❻マゼラン
❼種子島　❽南蛮貿易
❾フランシスコ=ザビエル　❿キリシタン

① (1)ルネサンス〔文芸復興〕
(2)①十字軍　②香辛料
③コロンブス　a
マゼラン一行　c
(3)①エ　②イ
(4)貿易　南蛮貿易　輸出品　イ
(5)フランシスコ=ザビエル

解説

① (2)②ヨーロッパ諸国は，アジアの香辛料や絹織物などの産物を直接買い入れようとして，新航路を開拓していった。
(3)エは種子島，イは堺(大阪府)。種子島に伝わった鉄砲は，その後，堺や国友(滋賀県)の刀鍛冶らによって大量に生産された。
(4)南蛮貿易は，南蛮人とよばれたポルトガル人やスペイン人との貿易。輸入品の中心は鉄砲，火薬や中国産の生糸などで，輸出品の中心はこのころに開発された石見銀山などの銀であった。

もひとつプラス　大航海時代

探検家	新航路
コロンブス	西インド諸島に到達
バスコ=ダ=ガマ	喜望峰を回ってインドに到達
マゼラン一行	世界一周に成功

ミス注意！ 種子島を「種子ケ島」や「種子が島」などと間違えやすいので注意しよう。

❶織田信長　❷楽市・楽座
❸豊臣秀吉　❹刀狩
❺太閤検地　❻文禄の役
❼慶長の役　❽狩野永徳
❾千利休　❿南蛮文化

① (1)ア　(2)楽市・楽座　(3)本能寺の変
(4)政策　太閤検地　法令　刀狩令
(5)兵農分離　(6)ウ

② (1)①有田焼　②天守　③千利休
④かぶき踊り
(2)桃山文化　(3)南蛮文化

解説

1 (1)柵を設け，大量の鉄砲を使った織田信長と徳川家康の連合軍が，武田軍を打ち破った。

(2)安土城を築いた織田信長は，その城下町に楽市令を出して座をなくし，市場での税を免除して商工業を活発にさせた。

(3)信長が家臣であった明智光秀によって攻められ，自害に追い込まれた。このできごとを本能寺の変という。

(4)(5)豊臣秀吉は，刀狩によって農民から武器を取り上げ，太閤検地によって農民の年貢負担を明確にして兵農分離を進めた。

(6)秀吉の朝鮮侵略のとき，朝鮮人の陶工らが日本に連れてこられ，朝鮮の陶磁器作りの技術が日本に伝わり，有田焼や萩焼などが生まれた。

2 このころ，天守をもつ城が各地に造られ，城内の屏風やふすまに金箔を使った豪華な絵が描かれた。桃山文化は，豊臣秀吉が築き，後に桃山城とよばれた伏見城にちなむ。

ミス注意! 太閤検地の太閤は，関白であった人に対するよび方で，ここでは秀吉のこと。「大閤」と間違いやすいので気をつけよう。

p.30〜p.31 ココが要点

❶徳川家康
❷老中
❸幕藩体制
❹幕領
❺親藩
❻武家諸法度
❼参勤交代
❽朱印船貿易
❾日本町
❿島原・天草一揆
⓫鎖国
⓬出島
⓭清
⓮オランダ風説書
⓯朝鮮通信使
⓰薩摩藩
⓱松前藩
⓲シャクシャイン

p.32〜p.33 予想問題

1 (1)①幕領　②幕藩体制
(2)ウ
(3)老中
(4)①ウ　②ア
(5)武家諸法度
(6)ア
(7)きまり　参勤交代
　　将軍　徳川家光

2 (1)①朱印船貿易　②日本町
(2)〈例〉神への信仰を重んじるキリスト教が幕府の支配の妨げになり，スペインやポルトガルによる侵略のきっかけにもなると考えたから。
(3)イ→ア→ウ→エ　(4)鎖国

3 (1)①イ　②ア　③エ　④ウ
(2)①オランダ風説書　②朝鮮通信使
　　③シャクシャイン　③出島

解説

1 (1)幕領は幕府が直接支配したが，藩の土地と人民の支配は大名に任されていた。

(2)ア親藩とは徳川一門の藩で，治めたのは「重要な都市」ではない。イ譜代大名とは初めから徳川氏の家臣であった大名で，要地を治めた。エ大名の区別は石高によって決まるのではない。外様大名の中には多くの石高を持つ大名もいた。

(3)老中は，臨時に置かれる大老を除くと幕府の最高職。

(6)イ天皇や公家に対しては，別に禁中並公家諸法度が定められた。ウ大名同士が政略結婚などによって結束を強め，幕府に反乱することを防いだ。エ武家諸法度は，毎年ではなく，将軍の代替わりごとに諸大名に発布された。

2 (1)①②貿易を行った日本人商人らが住む日本町が東南アジア各地につくられた。

(2)(3)1637年に起きたキリスト教徒を中心とする島原・天草一揆は，幕府がキリスト教禁止を強めるきっかけとなった。スペイン船の来航禁止→日本人の海外渡航と帰国の禁止→島原・天草一揆→ポルトガル船の来航禁止と続き，オランダ商館が平戸から長崎の出島に移され，いわゆる「鎖国」の体制となった。

3 (2)①「鎖国」の間も幕府は，オランダ風説書などで海外情報を得ていた。②将軍の代替わりごとに朝鮮から朝鮮通信使が派遣された。

もひとつプラス　四つの窓口

長崎	出島	オランダ
	唐人屋敷	中国（清）
対馬（宗氏）	朝鮮	
薩摩（島津氏）	琉球王国	
松前	アイヌ	

❶徳川綱吉 ❷文治政治
❸朱子学 ❹新田開発
❺三都 ❻蔵屋敷
❼株仲間 ❽元禄文化
❾井原西鶴 ❿近松門左衛門
⓫松尾芭蕉

1 (1)朱子学
　(2)①五人組　②千歯こき
　(3)①蔵屋敷　②株仲間

2 (1)イ
　(2)元禄文化
　(3)①井原西鶴　②近松門左衛門
　　　③松尾芭蕉
　(4)浮世絵

解説

1 (1)朱子学は，主君と家臣や父と子などの身分・上下関係を大切にする儒学の学派。
　(2)②資料は千歯こきを使って脱穀をしている様子。農具の改良が進み，他にも深く耕すための備中鍬やもみとゴミなどを吹き分ける唐箕などが開発された。

2 (1)ア湯島聖堂では，儒学が重視された。ウ生類憐みの令は犬などの動物の愛護を定めたもの。
　(2)(3)徳川綱吉のころの元禄文化を代表するのが，浮世草子の井原西鶴，人形浄瑠璃や歌舞伎の台本作者の近松門左衛門，俳諧の松尾芭蕉など。

もひとつプラス　主な街道と航路

五街道	東海道，中山道，日光道中，甲州道中，奥州道中
航路	西廻り航路，東廻り航路

練習しよう　井原西鶴の「鶴」を攻略！

鶴

練習しよう　松尾芭蕉の「芭蕉」を攻略！

芭蕉

ミス注意! 鎌倉時代や室町時代の商工業者による同業者組織が座，江戸時代の商人の同業者組織が株仲間。間違えないようにしよう。

❶享保の改革 ❷公事方御定書
❸商品作物 ❹問屋制家内工業
❺打ちこわし ❻田沼意次
❼松平定信 ❽国学
❾蘭学 ❿伊能忠敬

1 (1)A享保の改革　B寛政の改革
　(2)①目安箱，A　②朱子学，B
　　　③上米の制，A　④公事方御定書，A
　(3)①打ちこわし
　　　②〈例〉一揆の参加者が連帯して責任を取ることを表すため。

2 (1)葛飾北斎
　(2)化政文化
　(3)①国学　②解体新書
　(4)伊能忠敬
　(5)寺子屋

解説

1 (1)(2)享保の改革では，目安箱の設置，上米の制，公事方御定書の制定，有能な人材の登用などを行った。寛政の改革では，荒れた農村の復興や幕府財政の立て直しを図るとともに，幕府の学校で朱子学以外の儒学を禁止した。
　(3)江戸時代，飢きんの時などには農村では百姓一揆が，都市では打ちこわしが多発した。②傘連判状は，一揆の参加者が平等の立場で連帯して責任を取ることを示すため，円形に署名している。

2 (1)(2)江戸時代後半，19世紀初めの文化を化政文化という。曲亭(滝沢)馬琴の『南総里見八犬伝』，喜多川歌麿の美人画，歌川(安藤)広重の『東海道五十三次』などが有名。江戸時代前期，徳川綱吉のころの元禄文化と区別しておこう。
　(3)②オランダ語を通じて西洋の知識や技術を研究する学問を蘭学という。

練習しよう　「葛飾北斎」を攻略！

葛飾北斎

練習しよう　蘭学の「蘭」を攻略！

蘭蘭

第4章　近代国家の歩みと国際社会

p.38 〜 p.39　ココが要点

❶ピューリタン革命
❷共和政
❸名誉革命
❹権利の章典
❺立憲君主政
❻独立宣言
❼基本的人権
❽人権宣言
❾ナポレオン
❿産業革命
⓫資本主義
⓬社会主義
⓭南北戦争
⓮リンカン
⓯ビスマルク
⓰植民地
⓱インド大反乱
⓲モノカルチャー

p.40 〜 p.41　予想問題

１ (1)Aウ　　Bイ　　Cア
(2)①権利の章典
　　②記号　ウ　　語句　立憲君主政
(3)①イギリス　　②ワシントン
(4)①人権宣言　　②基本的人権
　　③ナポレオン

２ (1)Aロック　　Bモンテスキュー
　　Cルソー
(2)①社会契約説　　②三権分立

３ (1)産業革命
(2)資本主義
(3)①マルクス　　②社会主義
(4)南北戦争
(5)リンカン
(6)インド大反乱

解説

１ (1)A→B→Cは，できごとが起きた順。
(2)議会が制定した権利の章典では，国王は議会の承認がなければ法律の停止や新たな課税ができないことなどを定めている。これにより，国王は存在するが，法によって制限され，国民が政治を行う立憲君主政が確立した。
(3)独立戦争の中で，人間の自由と平等をうたう独立宣言が発表された。戦争の結果，アメリカ合衆国が誕生した。
(4)②人間が生まれながらにもつ自由・平等の権利を基本的人権という。

２ (1)肖像画と説明文を結び付けて覚えておくこと。Aロックは，政府は個人の契約によって成

り立っていることを，初めて明確にした。Bモンテスキューは三権分立を説いた。Cルソーは，人民主権を強調した。

３ (1)(2)産業革命は，技術革新によって大量生産が行われるようになったこと。それによって資本家が労働者を雇って生産する資本主義のしくみが成立した。
(4)(5)19世紀半ばのアメリカでは，工業が発達した北部と，奴隷制による綿花栽培が盛んな南部との対立が深まり，1861年に南北戦争が起こった。リンカン大統領が指導した北部が勝利した。
(6)植民地支配によって，イギリスの安い綿製品が流入し，インドの綿織物業が大きな打撃を受けたために起こった反乱である。

もひとつプラス　市民革命

国名	市民革命	権利宣言
イギリス	ピューリタン革命	
	名誉革命	権利の章典
アメリカ	アメリカ独立戦争	独立宣言
フランス	フランス革命	人権宣言

ミス注意！ イギリスで起きたピューリタン革命と名誉革命を区別しよう。ピューリタン革命で共和政が，名誉革命では立憲君主政と議会政治が確立した。

p.42　ココが要点

❶間宮林蔵
❷異国船打払令
❸アヘン戦争
❹南京条約
❺薪水給与令
❻工場制手工業
❼専売制
❽大塩平八郎
❾天保の改革

p.43　予想問題

１ (1)aイ　　bア　　cウ
(2)①アヘン戦争
　　②条約　南京条約　　場所　エ
(3)イ

２ (1)大塩平八郎
(2)①水野忠邦　　②イ
(3)工場制手工業

9

1 (1)**資料1**はイギリスによる三角貿易の図。イギリスは，清との貿易で銀が不足したため，銀がうまく回っていくようにインド産のアヘンを清で密売するしくみを考え出した。

(3)江戸幕府は，アヘン戦争での清の敗北をオランダ風説書などで知ると，異国船打払令を緩めて薪水給与令を出した。

2 天保の飢きん→大塩平八郎の乱→天保の改革の流れが大切。

(2)**ア**は寛政の改革。**ウ**水野忠邦は，逆に株仲間を解散させた。**エ**は諸藩の改革で実施された。

➕**もひとつプラス** イギリスと清の貿易の変化

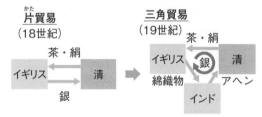

片貿易（18世紀）　　**三角貿易**（19世紀）

ミス注意! 工場制手工業は，働き手を作業所（工場）に集め，製品を分業で大量に仕上げる新しい生産のしくみ。問屋から道具や材料を借りて家の中で行う問屋制家内工業と区別しておこう。

p.44	ココが**要点**
❶日米和親条約	❷日米修好通商条約
❸関税自主権	❹領事裁判権
❺桜田門外の変	❻大久保利通
❼坂本龍馬	❽大政奉還
❾岩倉具視	❿王政復古の大号令
⓫戊辰戦争	

p.45	予想問題

1 (1)Aペリー　B日米和親条約
　　C戊辰
　(2)①関税自主権　②領事裁判権
　(3)尊王攘夷
　(4)木戸孝允
　(5)王政復古の大号令
　(6)イ
2 (1)西郷隆盛　(2)坂本龍馬
　(3)井伊直弼　(4)徳川慶喜

1 ペリー来航→条約の調印→開港により社会が変化→倒幕運動の流れを年表でおさえる。

(1)**C**鳥羽・伏見の戦いに始まった，新政府軍と旧幕府軍との間の内乱。翌年新政府軍が国内を統一した。

(3)天皇を尊ぶことが「尊王」で，外国人や外国勢力を打ち払うことが「攘夷」，この2つの思想が結び付いた思想が尊王攘夷である。

(5)「王政復古」とは天皇を中心とする政治（王政）を復活させるという意味で，天皇を中心とする新政府の成立を宣言した。

(6)貿易が始まると，日本からの輸出が盛んになり，生活必需品の米は値上がりした。そのため，人々の生活は苦しくなり，**ウエ**のような一揆や騒ぎが起きた。

2 (1)大久保利通らとともに薩摩藩に登用された。

(4)大政奉還を行った徳川慶喜は，江戸幕府最後の将軍である。吉田松陰は安政の大獄で処刑された思想家。公家の岩倉具視は，新政府の成立に尽力した。

➕**もひとつプラス** 開港後の主な輸入品と輸出品

輸入品	毛織物，綿織物，武器
輸出品	生糸，茶，蚕卵紙（蚕の卵が付いた紙）

‖**練習しよう** 尊王攘夷の「攘夷」を攻略！

攘	夷				

ミス注意! 日米和親条約と日米修好通商条約の違いに注意しよう。日米和親条約（1854年）では自由貿易は行われず，関税自主権や領事裁判権の定めがない。一方，日米修好通商条約（1858年）で自由貿易が行われるようになり，関税自主権を失い，領事裁判権が定められた。

p.46	ココが**要点**
❶五箇条の御誓文	❷藩閥政治
❸版籍奉還	❹廃藩置県
❺解放令	❻殖産興業
❼徴兵令	❽地租改正
❾学制	

予想問題

1 (1)五箇条の御誓文

(2)①イ　　②ウ

(3)①平民　　解放令

2 (1)殖産興業　　(2)イ

(3)徴兵令

(4)地租改正

(5)〈例〉地価の３％を地租として現金で納めることになった。

(6)福沢諭吉

解説

1 (2)①版籍奉還では，藩は廃止されず，藩主もそのまま政治を行った。②廃藩置県では，すべての藩が廃止され，代わりに政府から府知事・県令が任命された。

2 (2)授業料は住民の負担とされたため，子どもを学校に行かせられない親が多かった。

(4)地券を持つ人が，固定した地価の３％の地租（土地に対する税）を現金で納めることとした。その結果，政府の収入は安定したが，農民の負担は江戸時代と変わらなかった。そのため後に一揆が起き，地租は2.5％に引き下げられた。

ミス注意! 殖産興業の「殖」は「ふやす」こと，「興」は「おこす」こと。「植産工業」などとする間違いが多いので注意しよう。

ココが 要点

❶岩倉使節団　　❷津田梅子

❸日清修好条規　　❹征韓論

❺西郷隆盛　　❻日朝修好条規

❼樺太・千島交換条約　　❽沖縄県

❾屯田兵

予想問題

1 (1)①岩倉具視　　②エ

(2)①b日清修好条規　　e日朝修好条規

②e

(3)征韓論　　(4)樺太・千島交換条約

2 (1)①屯田兵　　②エ

(2)琉球藩

解説

1 (1)②エ西郷隆盛は，板垣退助らとともに国内に残っていた。彼らは，征韓論を主張したが，

帰国した大久保利通らとの論争に敗れて政府を去った。

2 (1)②北海道の開拓が進むと，アイヌの人々は土地を奪われ，日本人風の名前を名乗らされたり，日本語を強制されたりして，独自の文化を守ることが難しくなった。

ミス注意! 日清修好条規と日朝修好条規を，「条約」と間違えないように注意しよう。

ココが 要点

❶民撰議院設立建白書　　❷西南戦争

❸国会期成同盟　　❹板垣退助

❺大隈重信　　❻伊藤博文

❼内閣制度　　❽大日本帝国憲法

❾帝国議会　　❿教育勅語

予想問題

1 (1)西南戦争　　(2)ウ

(3)①自由党　　②立憲改進党

(4)秩父事件

2 (1)①伊藤博文

②A天皇　B臣民　C○

③教育勅語

(2)衆議院・貴族院

(3)①ア　②イ

解説

1 自由民権運動は，1874年の民撰議院設立建白書の提出に始まり，1880年の国会期成同盟の結成と続く。1881年に政府が国会開設を約束すると，自由党が結成され，翌年には立憲改進党も結成された。

(2)ア自由民権運動が高まる中，民間で作られた憲法草案の１つ。イ1881年に政府が国会開設を約束したもの。

(4)自由党の影響の下で，生活に困った農民たちが武器を持って起こした大規模な騒動。

2 (1)②AB大日本帝国憲法は天皇主権であり，国民は「臣民」とされた。C国民の権利は法律の範囲内で認められるという厳しい制限付きであった。

(3)国民による選挙は衆議院のみで，選挙権は，直接国税15円以上を納める25歳以上の男性に限られていた。

＋もひとつプラス　自由民権運動から生まれた政党

政党	自由党	立憲改進党
結成年	1881 年	1882 年
党首	板垣退助	大隈重信
主張	フランス流の人権思想に基づく	イギリス流の立憲君主政

▷練習しよう　大隈重信の「隈」を攻略！

隈							

▷ミス注意！　民撰議院設立建白書を「民選議員」と間違えないように注意しよう。

p.52　ココが要点
❶列強　　　　　　　❷欧化政策
❸陸奥宗光　　　　　❹甲午農民戦争
❺日清戦争　　　　　❻下関条約
❼台湾　　　　　　　❽三国干渉
❾立憲政友会

p.53　予想問題

1
(1)欧化政策
(2)鹿鳴館
(3)陸奥宗光
(4)イ
(5)ロシア

2
(1)甲午農民戦争
(2)下関条約
(3)三国干渉
(4)ア　　(5)台湾
(6)立憲政友会

▷解説
1 (3)(4)日清戦争直前の1894年，陸奥宗光外相の条約改正では，領事裁判権は廃止されたが，関税自主権回復は実現しなかった。関税自主権が完全に回復するのは，日露戦争後の1911年，小村寿太郎外相の条約改正の時である。

2 (2)～(5)下関条約で，日本は遼東半島や台湾，澎湖諸島を得たうえ，賠償金も手にした。しかし，ロシアがフランス，ドイツを誘い三国干渉を行い，日本は遼東半島を返還することとなった。

▷ミス注意！　鹿鳴館の「鹿」は，「ろく」という音からは字を思い出しにくいので注意しよう。

p.54　ココが要点
❶義和団事件　　　　❷満州
❸日英同盟　　　　　❹日露戦争
❺ポーツマス条約　　❻小村寿太郎
❼韓国併合　　　　　❽三民主義
❾辛亥革命　　　　　❿中華民国

p.55　予想問題

1
(1)イ　　(2)日英(同盟)
(3)①ポーツマス条約　　②ウ
③日比谷焼き打ち事件
(4)小村寿太郎

2
(1)ア　　(2)辛亥革命
(3)人物名　孫文　　思想　三民主義

▷解説
1 (1)義和団事件では，日本はロシアとならんで多数の軍隊を派兵した。
(2)ロシアの南下を警戒するイギリスと利害が一致して結ばれた。
(3)②アポーツマス条約で獲得した南樺太。イ朝鮮半島。エ山東半島でポーツマス条約とは無関係。
(4)この小村寿太郎外相の条約改正で，関税自主権の完全回復を実現した。

2 (1)韓国統監は，日露戦争後の1905年に置かれた。伊藤博文は，韓国併合前の1909年に暗殺されている。

＋もひとつプラス　日清戦争と日露戦争

戦争	日清戦争	日露戦争
講和条約	下関条約	ポーツマス条約
結果	多額の賠償金　台湾など獲得　遼東半島は三国干渉で返還	賠償金なし　鉄道利権や租借権などを獲得

p.56　ココが要点
❶八幡製鉄所　　　　❷財閥
❸小作人　　　　　　❹大逆事件
❺田中正造　　　　　❻黒田清輝
❼夏目漱石　　　　　❽樋口一葉
❾野口英世

予想問題

1 (1)A財閥　　B工場法　　C大逆(事件)
　　D田中正造
　(2)ウ　　(3)八幡製鉄所
　(4)〈例〉日清戦争〔下関条約〕の賠償金によって得た。
2 ①ア　　②イ　　③ア　　④ア

解説

1 (2)富岡製糸場は，産業革命が始まる前の1872年に開業し，フランス製の機械により，フランス人技師が士族の子女に製糸技術を教えた。

2 (3)②狩野芳崖は日本画を描いた。③岡倉天心は，フェノロサとともに，欧米化で見捨てられつつあった伝統的な日本美術を評価しなおした。正岡子規は俳人。④北里柴三郎はペスト菌を発見した医師。

練習しよう　夏目漱石の「漱」を攻略！

漱	石					

第5章　二度の世界大戦と日本

ココが要点

❶第一次世界大戦　　❷総力戦
❸二十一か条の要求　　❹ロシア革命
❺ソビエト社会主義共和国連邦
❻ベルサイユ条約　　❼三・一独立運動
❽五・四運動　　❾ワシントン会議

予想問題

1 (1)サラエボ事件
　(2)①イ　　②ウ
　(3)①レーニン　　②シベリア出兵
　(4)①イ　　②国際連盟
　　③ウィルソン
　(5)A三・一独立運動
　　B五・四運動　　Cワイマール
　　Dソビエト社会主義共和国連邦
　(6)ワシントン会議　　(7)ガンディー

解説

1 (1)サラエボ事件が起きたバルカン半島は，ロシアとドイツ・オーストリアの間で緊張が高まり，今にも爆発しそうな状態であったため，

「ヨーロッパの火薬庫」とよばれた。②ア朝鮮半島。イ遼東半島。エ上海。

(4)①ベルサイユ条約では，山東省にあるドイツの利権を日本が引き継ぐことになった。日本が得た山東省の旧ドイツ利権はワシントン会議の時に中国に返還された。②③国際連盟はウィルソンの提案で設立されたが，アメリカは議会の反対で参加できなかった。

➕もひとつプラス　三国同盟と三国協商

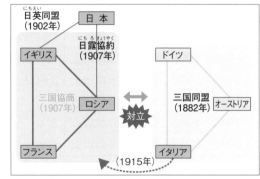

ミス注意！　三・一独立運動(朝鮮)も五・四運動(中国)も，運動が始まった日付からよばれている。間違えやすいので注意しよう。

ココが要点

❶護憲運動　　❷民本主義
❸米騒動　　❹原敬
❺男子普通選挙　　❻治安維持法
❼平塚らいてう　　❽全国水平社
❾関東大震災

予想問題

1 (1)A護憲運動　　B原敬　　C治安維持法
　(2)民本主義　　(3)政党内閣
　(4)①X男　Y25歳以上　Z制限なし
　　②平塚らいてう
2 (1)A全国水平社　　B関東大震災
　　C文化住宅
　(2)イ

解説

1 (1)C男子普通選挙と治安維持法の制定が同じ1925年に行われたことに注意する。

(2)民本主義とは，天皇主権の大日本帝国憲法の基で政治に民衆の考えを反映させていこうという主張で，政党政治を理論面で支えた。国民主

権の「民主主義」とは異なる。

(3)議会の第一党の党員が，閣僚の大部分を占めるのが政党内閣。

(4)②青鞜社を作った平塚らいてうは，その後市川房枝らとともに新婦人協会を結成し，参政権をはじめ女性の人権の獲得のために活動した。

2 C大正時代は，都市のサラリーマン層が増加し，欧米的な生活様式が広がっていった。

もひとつ**プラス** 衆議院議員総選挙の選挙権の変化

成立年	実施年	性別	年齢	直接国税
1989	1890	男	25歳以上	15円以上
1900	1902	男	25歳以上	10円以上
1919	1920	男	25歳以上	3円以上
1925	1928	男	25歳以上	なし
1945	1946	男女	20歳以上	なし
2015	2017	男女	18歳以上	なし

練習**しよう** 護憲運動の「護憲」を攻略！

護 憲

ミス注意！民「本」主義と民主主義との違いに注意しよう。

p.62 ココが要点
①世界恐慌
②ニューディール〔新規まき直し〕政策
③ブロック経済　④ファシズム
⑤ヒトラー　⑥満州事変
⑦五・一五事件　⑧二・二六事件
⑨毛沢東　⑩国家総動員法
⑪大政翼賛会

p.63 予想問題
1 (1)①政策　ニューディール〔新規まき直し〕政策
　　大統領　ローズベルト
　②ブロック経済　③ファシズム
(2)①満州国　②国際連盟
　③大政翼賛会
(3)満州事変
(4)c エ　d ア
(5)イ　(6)イ

解説
1 (1)世界恐慌に対する対応策として，①アメリカのローズベルト大統領によるニューディール（新規まき直し）政策，②イギリスやフランスなどのブロック経済，③ドイツやイタリアのファシズムがあった。

(6)ア配給制になったものは，米やマッチ，砂糖などの生活必需品が多かった。ウ新聞や雑誌は統制され，種類が減ったり内容が問題になって発行停止になったりすることもあった。エ治安維持法の改正によって，思想の自由や表現の自由はますます制限されていった。

もひとつ**プラス**

年	できごと
1929	世界恐慌の始まり
1931	柳条湖事件…満州事変の始まり
1932	五・一五事件…政党政治の終わり
1936	二・二六事件…軍部の力が強まる
1937	盧溝橋事件…日中戦争の始まり

練習**しよう** 蔣介石の「蔣」を攻略！

蔣 蔣

ミス注意！海軍の青年将校らが中心となった五・一五事件(1932年)と陸軍の青年将校による二・二六事件(1936年)を間違えないようにしよう。

p.64 ココが要点
①独ソ不可侵条約　②日独伊三国同盟
③大西洋憲章　④日ソ中立条約
⑤皇民化政策　⑥勤労動員
⑦学童疎開　⑧ポツダム宣言
⑨原子爆弾

p.65 予想問題
1 (1)ドイツ，イタリア
(2)A日ソ中立条約　Bミッドウェー
　C沖縄　Dポツダム宣言
(3)Xイ　Yウ　Zア
(4)ヤルタ協定
(5)①広島　8月6日　長崎　8月9日
(6)エ
(7)①日本語　②創氏改名　③皇民化

1 (1)日独伊三国同盟は，日本が枢軸国として連合国との対立を強める結果となった。

(2)A日本は日ソ中立条約を結び，北方の安全を確保して，さらに東南アジアへの侵攻を進めた。Bミッドウェー海戦の敗北以後，戦局は日本に不利となっていった。C1945年4月にアメリカ軍が沖縄に上陸し，民間人を巻き込んだ戦争が行われた。D日本の無条件降伏を促したポツダム宣言は7月に発表されたが，日本が受け入れを決めたのは8月14日。

(3)学徒出陣は大学生が戦争に駆り出されること。勤労動員は中学生や女学生らが軍需工場で働くこと。学童疎開は，小学生(国民学校生)らが農村へ疎開(避難)すること。紛らわしいので正確に理解しておく。

(4)2月にアメリカ，イギリス，ソ連が行った首脳会談をヤルタ会談という。

＋もひとつプラス　第二次世界大戦の条約・宣言など

独ソ不可侵条約	開戦前にドイツとソ連が結ぶ
日独伊三国同盟	日本・ドイツ・イタリア。枢軸国
大西洋憲章	アメリカとイギリス。賛同国は連合国
日ソ中立条約	日本が北方の安全を確保
ポツダム宣言	日本の無条件降伏を促す

第6章　現在に続く日本と世界

p.66　ココが要点

❶連合国軍総司令部　❷中国残留日本人孤児
❸農地改革　❹国民主権
❺基本的人権　❻教育基本法
❼冷たい戦争　❽中華人民共和国
❾朝鮮戦争　❿自衛隊

p.67　予想問題

1 (1)GHQ

(2)①イ　②ア　③エ

(3)エ

(4)①20　②男女

(5)①国民　②平和主義
③基本的人権
(6)教育基本法

2 (1)A社会主義　B冷たい戦争〔冷戦〕
Cドイツ
(2)①大韓民国　②警察予備隊
(3)原水爆禁止運動

1 (1)GHQは，軍国主義を排除し民主化を進めるための改革を日本政府に指示した。

(2)農地改革は，小作人に土地を持たせ，みずから耕作する自作農にすることが目的であった。

(3)アイウも戦後改革で行われたことだが，経済に対する政策ではない。

(4)このとき初めて女性に選挙権が与えられた。また，2015年に公布された法改正で選挙年齢が18歳に引き下げられている。

(5)日本国憲法は，名前，3つの原則，公布・施行の日を覚えておく。

2 (1)B冷たい戦争(冷戦)は，実際の戦闘になる「熱い戦争」ではないことから名付けられた。ただし，アジアでは朝鮮戦争が戦われた。Cドイツはドイツ民主共和国(東ドイツ)とドイツ連邦共和国(西ドイツ)に分かれて独立した(1990年に統一)。

(3)まぐろ漁船の第五福竜丸は，1954年，太平洋のビキニ環礁で行われたアメリカの水爆実験で「死の灰」を浴び，乗組員が被曝した。

＋もひとつプラス　大日本帝国憲法と日本国憲法

	大日本帝国憲法	日本国憲法
主権	天皇主権	国民主権
天皇の権限	広範な天皇大権	国事行為のみ
国民の権利	臣民の権利は法律の範囲内で認める	基本的人権の尊重
軍隊	天皇が統帥	陸海空軍を持たない
議会	衆議院・貴族院 制限選挙（選挙は衆議院のみ）	衆議院・参議院 普通選挙

ミス注意！ 警察予備隊(後の自衛隊)を警察予備「軍」としないように注意しよう。

❶サンフランシスコ平和条約
❷日米安全保障条約〔安保条約〕
❸日ソ共同宣言　❹55年体制
❺日韓基本条約　❻日中共同声明
❼日中平和友好条約　❽高度経済成長
❾公害対策基本法　❿貿易摩擦
⓫バブル経済　⓬政府開発援助
⓭湯川秀樹　⓮三種の神器
⓯マスメディア　⓰川端康成
⓱手塚治虫

1 (1)①サンフランシスコ平和条約
　　②日米安全保障条約〔安保条約〕
　(2)55年体制　(3)国際連合
　(4)Aベトナム戦争　B日韓基本条約
　　C沖縄　D日中共同声明
　　E先進国首脳会議
　(5)非核三原則
2 (1)①高度経済成長
　　②東京オリンピック・パラリンピック
　　③石油危機　④バブル
　　⑤貿易摩擦
　(2)エ
　(3)水俣病

解説

1 (1)サンフランシスコ平和条約で日本は独立したが，同時に結ばれた日米安全保障条約(安保条約)で，アメリカ軍が引き続き日本に駐留することが決まった。
(2)自民党と社会党の2党による55年体制は，1993年に細川護熙内閣が誕生するまで続いた。
(4)B大韓民国との国交を成立させた条約が日韓基本条約。D日本と中華人民共和国との間では1972年の日中共同声明で国交正常化が実現し，1978年に日中平和友好条約が結ばれた。
2 (1)①1950年代後半から1973年の石油危機のころまでが高度経済成長。この間，東京オリンピック・パラリンピックなどをきっかけに高速道路や新幹線などが整備され，工業化や都市化が進んだ。一方，農業は取り残された。
(2)エ都市の郊外には大規模な団地が建設された。

公害病	地域	原因
水俣病	熊本県・鹿児島県	有機水銀
新潟水俣病	新潟県	有機水銀
四日市ぜんそく	三重県	亜硫酸ガスや窒素ガスなど
イタイイタイ病	富山県	カドミウム

三種の神器	白黒テレビ，電気冷蔵庫，電気洗濯機
新三種の神器〔3C〕	カラーテレビ，自動車，クーラー

❶マルタ会談　❷ヨーロッパ連合
❸湾岸戦争　❹国連平和維持活動
❺同時多発テロ　❻イラク戦争
❼バブル経済　❽非政府組織
❾東日本大震災

1 (1)マルタ会談　(2)バブル経済
　(3)ユーロ
　(4)A湾岸戦争　Bヨーロッパ連合
　　Cイラク戦争　D政権交代
　(5)①イ　②アフガニスタン
　(6)原子力発電
　(7)①非政府組織　②グローバル化
　　③人工知能

解説

1 (1)1989年には冷戦の終結が宣言され，冷戦の象徴とされた「ベルリンの壁」も撤去された。
(2)1990年代にはバブル経済が崩壊し，失われた20年とよばれる長い不況の時期が続いた。
(4)Aイラク軍がクウェートに侵攻し，アメリカ軍を中心とする多国籍軍がイラクを攻撃した(湾岸戦争)。日本も戦争後に国連平和維持活動(PKO)のために自衛隊を海外に派遣した。
(5)同時多発テロ後，アメリカはアフガニスタンを攻撃。2003年にはイラク戦争を始めた。